Karte des Römischen Reiches mit der Provinzeinteilung Diokletians

Friedhelm Winkelmann

EUSEB VON KAISAREIA

Friedhelm Winkelmann

EUSEB VON KAISAREIA

Der Vater der Kirchengeschichte

Verlags-Anstalt Union
Berlin

Biographien zur Kirchengeschichte
Herausgegeben von Hans-Ulrich Delius

ISBN 3-372-00303-9

1. Auflage

Printed in Germany
Typographie: Marlies Hawemann
Einband und Schutzumschlag: P. Fischer Sternaux

Inhalt

Vorwort

»Freilich wissen wir ja das Verborgene nicht und wollen
nicht vergessen, daß Geschichte schreiben, auch
wenn es noch so nüchtern und mit noch so gutem Willen
zur Sachlichkeit getan wird, immer Dichtung
bleibt und ihre dritte Dimension die Fiktion ist.«
Hermann Hesse, Das Glasperlenspiel.
Berlin/Weimar 1985, 49f.

Jede Biographie ist ein Wagnis, und der Biograph wird immer damit zu rechnen haben, in vielem dem Dargestellten in sehr unvollkommener Weise gerecht zu werden. Das gilt in besonderer Weise von einer Person wie der des Euseb, für deren Erfassung uns im wesentlichen nur ihre literarische Hinterlassenschaft zur Verfügung steht. Uns sehr wesentliche Fragen können so nicht beantwortet werden. In der vorliegenden Biographie wird deshalb nicht versucht, modernen Trends zu folgen und psychologische Deutungsversuche zu unternehmen. Unser Ziel ist es vielmehr, Eusebs Werk aus seiner Zeit und seiner Welt heraus besser verstehen zu helfen und zum anderen das herauszuarbeiten, was von seiner Leistung über die Jahrhunderte hinweg von Bedeutung blieb. Wir fühlen uns dazu um so mehr verpflichtet, als es nur wenige Bemühungen um eine umfassende biographische Würdigung Eusebs gibt.[1] Dagegen haben spezielle Aspekte eine Fülle von Forschungen hervorgerufen. Aus dieser weiten Skala der Probleme kann in diesem Buch aus

Platzgründen leider nur ein Ausschnitt sichtbar gemacht werden, wie ja auch die Problemdebatte hinter der Darstellung zurücktreten muß.

Herzlich danke ich für förderliche Hinweise Gert Haendler (Rostock) und Kurt Treu (Berlin), für die Vermittlung von Bildmaterial Gudrun Gomolka-Fuchs (Berlin) und Irene Grumach (Jerusalem).

Friedhelm Winkelmann Berlin, im Juni 1987

Euseb im Urteil der Jahrhunderte

Die Urteile der Historiker sind sehr unterschiedlich, gegensätzlich. Nur einige charakteristische Meinungen können hier zitiert werden. »Vater der Kirchengeschichtsschreibung« nennt man ihn in Abwandlung des von Cicero für Herodot gebrauchten Ehrennamens »Vater der Geschichtsschreibung«[2]. Für Otto Bardenhewer war er »der größte christliche Gelehrte seiner Zeit«[3]. Hans Lietzmann schrieb: »In seinem Lebenswerk spiegelt sich mit urkundlicher Treue der Umbruch der Zeiten, aus seinen Worten klingt uns die Siegesfreude entgegen, mit der man die Gegenwart genoß, und die stolze Hoffnung, mit der dieses Geschlecht in die Zukunft blickte«,[4] mit Bezug auf die staatliche Anerkennung des Christentums.

Doch die kritische Beurteilung überwiegt. Eduard Schwartz: »Es haftet ihm auch in den Zeiten, als er der bei Hof gern gesehene Bischof einer Provinzialhauptstadt war, immer noch etwas Kleinbürgerliches an, wie es sich leicht bei Gelehrten findet, die als Famuli angefangen haben.«[5] Berthold Altaner nannte ihn einen »kaiserfrommen Staatsbischof«[6], Friedrich Overbeck bezeichnete ihn als »hoftheologischen Friseur der kaiserlichen Perücke«[7], Jacques Moreau hob vor allem seine Eitelkeit hervor.[8] Die größte Wirkung hatte jedoch das Urteil Jacob Burckhardts: Konstantin I. sei »in die Hände des widerlichsten aller Lobredner gefallen, der sein Bild durch und durch verfälscht hat«. »Euseb ist nicht etwa ein Fanatiker ... er ist aber der erste durch und durch unredliche Geschichtschreiber des Altertums«; »... ein Forscher zwar von geringer Kritik, aber von großem Fleiße ... Eusebius ..., obschon ihm alle Geschichtschreiber gefolgt sind, hat nach zahllosen Entstellungen, Verheimlichungen und Erdichtungen ... gar kein Recht mehr darauf, als entscheidende Quelle zu figurieren«; »Euseb von Cäsarea, welcher später im ›Leben Constantins‹ eine Darstellung des [arianischen] Streites gibt, die an Unredlichkeit und absichtlicher Dürftigkeit einzig in ihrer Art ist.«[9] »Man kann dem ehrlichen Mann«, schreibt Hans Lietzmann zu den Urteilen Burckhardts, »kein schwereres Unrecht antun.«[10]

Die Urteile der Zeitgenossen Eusebs und der nachfolgenden Generationen zeigen eine ähnliche Spannweite. Auf der einen Seite erhält Euseb die Attribute »hochgelehrt« und »in der Historie sehr kundig«, auf der anderen wird er unter die Häretiker gerechnet.

Als sein bedeutendster zeitgenössischer Gegner ist Athanasios zu nennen, der von 328 bis 373 Erzbischof von Alexandreia war. Dieser rechnete Euseb kurzerhand unter die Arianer.[11] Vor allem aber veröffentlichte er den Brief, den Euseb an seine Gemeinde geschrieben hatte, um ihr seinen Stellungswechsel auf dem Konzil zu Nikaia von einem Förderer des Areios auf die Gegenseite zu begründen. Dadurch hat Athanasios dem Ansehen Eusebs mehr geschadet als durch seine direkte Polemik.[12]

Auch eine von Epiphanios, dem Bischof von Salamis (376–403), überlieferte Erzählung war dazu angetan, Eusebs Ruf zu diskreditieren. Schon Athanasios hatte sie erwähnt.[13] Euseb wurde beschuldigt, sich in der Verfolgung durch das Opfer, also durch die Verleugnung des christlichen Glaubens, gerettet zu haben. Der ägyptische Bischof und Bekenner Potamon von Herakleia habe auf der Synode zu Tyros (335) dem Euseb zugerufen »Warst du nicht mit mir während der Verfolgung im Gefängnis?

Ich habe ein Auge für den wahren Glauben verloren. Du aber scheinst keine Verletzung an deinem Körper zu haben, bist auch nicht Märtyrer geworden, sondern stehst hier ohne Verstümmlung da. Du kannst doch nur aus dem Gefängnis freigekommen sein, weil du den Verfolgern zu Willen warst und geopfert hast.«[14]

Große Nachwirkung namentlich in den westlichen Reichsteilen hatte es, daß sich der später als Kirchenvater geehrte Hieronymus scharf gegen den Theologen Euseb aussprach. Er, der in seiner theologischen Entwicklung selbst einige Stadien von Unkorrektheit aufwies, verstand es sehr geschickt, sich das Ansehen eines Hüters der reinen Lehre zu verschaffen. Dabei wird auch etwas Neid auf Eusebs Ruhm als Gelehrter eine Rolle gespielt haben. Euseb wird von ihm mit den Beiworten »Arianer«, »oberster Arianer«, »offenkundigster Vorkämpfer des ungläubigen Areios«, »häretischer Mensch« versehen.[15]

Hieronymus sorgte auch dafür, daß Euseb in den Streit um den großen griechischen Theologen Origenes (gest. 253/54) hineingezogen wurde. Euseb hatte nämlich der Verteidigungsschrift für Origenes aus der Feder des Pamphilos nach dessen Tod (309) ein weiteres Buch hinzugefügt. Das ganze Werk lief aber weiter unter dem Namen des Pamphilos. So übersetzte es Rufinus ins Lateinische. Um diesen nun zu diffamieren, unterstellte ihm Hieronymus, wider besseres Wissen die Apologie für Origenes dem allseits verehrten und über alle Kritik erhabenen Pamphilos untergeschoben zu haben; alle sechs Bücher stammten, so behauptete Hieronymus, vielmehr von dem Arianer und Häretiker Euseb. Hieronymus kam es dabei darauf an, Euseb als einen möglichst verruchten Ketzer darzustellen.[16]

Diese Fälschung, als Waffe gegen Rufinus gedacht, hat dem Ansehen Eusebs sehr geschadet. Im 5. Jh. schrieb der Bischof Antipater von Bostra eine ausführliche »Widerlegung der Verteidigungsschrift für Origenes aus der Feder Eusebs, des Bischofs von Kaisareia«. Dieses Werk ist uns nicht erhalten, es wurde aber seinerzeit viel gelesen. Auf der 5. Sitzung der Synode zu Nikaia (787) wurde es zum Beispiel als Argument gegen die Rechtgläubigkeit Eusebs verwendet. Euseb wird hier mit Origenes gleichgesetzt.[17]

Euseb wurde auch ein Opfer des Bilderstreits und erhielt endgültig den Stempel des Ketzers, galt er doch als Kronzeuge der Bilderfeinde. In seiner Kirchengeschichte hatte er von einem Standbild in Kaisareia Philippi berichtet, das die Lokaltradition als eine Christusdarstellung (Christus und die blutflüssige Frau) deutete. Eusebs Urteil war eindeutig negativ. Bildliche Darstellungen waren für ihn ein heidnisches Relikt.[18] Zudem hatte ihn die Kaiserin Constantia um ein authentisches Christusbild gebeten. Euseb wies dieses Ansinnen mit dem Hinweis auf den möglichen Anschein der Nachahmung heidnischer Sitten und auf die Bilderverbote des Alten Testaments zurück.[19] Diese Aussagen Eusebs wurden von den Bilderverehrern auf der Synode des Jahres 787 scharf abgelehnt: »Verdammt seien jene Bücher und alle, die sie benutzen.« »Es wurde bewiesen, daß die Schriften Eusebs von den Auffassungen der allgemeinen Kirche abweichen.« Und in der 6. Sitzung wurde Euseb als einer angegriffen, der gleichen Glaubens und gleicher Lehre mit den Arianern sei.[20]

Zu Beginn des 9. Jh. unterzog dann der Patriarch von Konstantinopel Nikephoros I. den Brief an Constantia einer genauen Prüfung[21] und wandte sich gegen den Hauptzeugen der Bilderfeinde: »Der gottlose Euseb, der das Bischofsamt in Kaisareia/Palästina schlecht und unehrbar verwaltete, der damals wie heute Hauptvertreter der ruchlosen und unheiligen Sekte der Arianer, die unsere Lehrer gottlos nennen, war.«[22] Mit den gröbsten Ketzernamen wird er belegt. So heißt es in der Apologia minor: »Jeder orthodoxe Christ soll nun entscheiden, ob es annehmbar sei, daß dieser in der Kirche solche Gotteslästerungen gegen unseren Heiland, den Christus Gottes, vorbringt.«[23]

Auch die Meinung des Patriarchen Photios (858–867. 877–886) läßt an Deutlichkeit nichts zu wünschen übrig: Eusebs Bücher bewiesen, daß er dem Arianismus zugehöre. Wenn er auch die Glaubensformel von Nikaia (325) unterschrieben habe, so sei er doch ein Arianer geblieben. Zudem sei er ein Origenist gewesen. Es handelt sich also um den Vorwurf doppelter Ketzerei.[24]

Daß Euseb in griechischen oder lateinischen Heiligenkalendern keine Aufnahme gefunden hat, braucht kaum noch erwähnt zu werden.

Am Beginn der Neuzeit standen dann die *Annales ecclesiastici* des Kardinals Caesar Baronius (1538–1607), die für lange Zeit das Geschichtsbild prägten; Baronius bezeichnete Euseb einfach als Arianer und traute ihm auch Betrug und Lüge zu.[25]

Daneben gab es anerkennende Worte für die apologetischen und historischen Arbeiten Eusebs. Selbst seine Gegner waren auf seine zuverlässigen – wenn auch tendenziösen – Materialsammlungen angewiesen. Hier hatte man immer ein Arsenal an Fakten und Argumenten zur Verfügung. Wer historische Beweise für seine Argumente brauchte, mußte möglichst die ältesten und bedeutendsten Zeugen anführen. Er fand sie bei Euseb. Und das wissenschaftliche Ethos, die gelehrten Fähigkeiten konnte man ihm nicht gut absprechen. Für Basileios d. Gr. war Euseb »glaubwürdig durch reiche Erfahrung«[26]. Der Kirchenhistoriker Sokrates verteidigte Euseb eingehend gegen die Anklage des Arianismus. Sein stärkstes Argument war dabei, daß Euseb die Glaubensformel von Nikaia unterschrieben habe und nicht verurteilt worden sei.[27] Der Kirchenhistoriker Sozomenos nannte Euseb den allergelehrtesten Historiker, Kenner der heiligen Schriften und der griechischen Dichter und Schriftsteller; er bezog sich damit auf die *Praeparatio evangelica* (Evangelische Vorbereitung).[28] Theodoret rechnete Euseb neben Justin, Eirenaios, Klemens, Origenes, Adamantius und anderen unter die alten Lehrer der Kirche[29]. Von den Chronographen sei wenigstens Johannes Malalas genannt; bei ihm trägt Euseb den Beinamen »weisester und gottgeliebtester Chronograph«[30].

Noch eindrücklicher sind die positiven Urteile über Euseb als Historiker bei solchen Schriftstellern, die oben unter den Kritikern des Theologen Euseb genannt wurden. Ihr Blick ist durch die Polemik nicht so getrübt, daß sie die notwendige Gerechtigkeit vergäßen. So stehen beide Urteile bei ihnen nebeneinander, je nach dem Themenkreis, zu dem sie sich äußern. Im ganzen überwiegt bei ihnen die Kritik, doch auch die notgedrungene Anerkennung kommt zum Ausdruck. Selbst Hieronymus verschwieg seine Bewunderung für die große Gelehrsamkeit Eusebs nicht. Das *Onomasticon* (biblisches Ortsnamenverzeichnis) und die Chronik übersetzte er sogar ins Lateinische. Seine Meinung hat er auf eine kurze Formel gebracht: »Ich habe ihn den gelehrtesten, nicht einen rechtgläubigen (catholicum) genannt.«[31] Dasselbe brachte auch Photios mit anderer Formulierung zum Ausdruck: »hochgelehrt ist der Mann, wenn er auch die Sorgfalt in den Glaubensfragen sehr vermissen läßt«; »in der Geschichtsdarstellung im Unterschied zu den Glaubensfragen nicht unzuverlässig».[32] Der Patriarch Germanos I. (715–730) vermerkte mit Verwunderung, wie ein so großer Gelehrter so falsche Ideen vertreten könne: »der sehr gelehrte Euseb – ich wüßte nicht, ihn anders zu bezeichnen«, um dann auf einen dogmatischen Irrtum Eusebs zu verweisen.[33]

Auch in hagiographischen Kreisen hielt man das Gewicht Eusebs für so groß, daß man sich für die Legende der Taufe Kaiser Konstantins I. durch den Papst Silvester auf ihn als Zeugen berief. Euseb hatte in seiner Schrift »Über das Leben Konstantins« berichtet, daß der Kaiser erst vor seinem Tode getauft worden sei,[34] dabei aber den Namen des Täufers, des Arianers Euseb von Nikomedeia, verschwiegen. Erst Hieronymus erwähnte ihn rügend in der Chronik.

Für die richtige Wertung von Kritik und Anerkennung sollte beachtet werden, daß uns fast alle seine wichtigen Schriften überliefert sind, und zwar meist in mehreren Handschriften. Vieles wurde übersetzt, ins Lateinische, aber auch in orientalische Sprachen, vor allem in das Syrische und in das Armenische. In Kapitel 3 wird darauf noch ausführlicher eingegangen.

Dem Patriarchen Germanos I. verdanken wir die Bemerkung, daß die Werke Eusebs zu Beginn des 8. Jh. in der reichhaltigen Konstantinopler Patriarchatsbibliothek nicht unter den für orthodox geltenden Schriftstellern standen. »Sie werden vielmehr separiert, hinter der Sammlung der orthodoxen Schriftsteller, am Beginn der Sammlung häretischer Bücher in einem besonderen Schrank aufbewahrt.«[35]

Seine Zeit, seine Welt

Vielleicht würden wir dieses und das folgende Kapitel ertragreicher und leichter schreiben können, wenn sich die von Akakios, dem Nachfolger auf dem Bischofsstuhl Kaisareias, verfaßte Biographie Eusebs erhalten hätte.[36] So müssen wir versuchen, die kargen autobiographischen Nachrichten, die wir in den Werken Eusebs finden, und weiteres Material, das wir durch Analogieschlüsse auswerten, zu einem Bild zusammenzusetzen. Doch namentlich über Kindheit, Jugend, Ausbildung sind wir kaum informiert.

Es ist bezeichnend, daß sowohl das genaue Geburtsjahr als auch das genaue Todesjahr nicht bekannt sind. Die meisten Forscher entscheiden sich für ein Geburtsjahr zwischen den Jahren 260 und 264/65[37]. Als Todestag ist der 30. Mai aus dem syrischen Märtyrerkalender zu entnehmen.[38] Laut Angabe des Kirchenhistorikers Sokrates starb Euseb zwischen der Rückkehr des Erzbischofs Athanasios nach Alexandreia im Jahre 337 und dem Tode des Kaisers Konstantin II. im Jahr 340[39]. So wäre er etwa 75 bis 80 Jahre alt geworden. Das ist für seine Zeit ein sehr langes Leben, zudem eines, das von bedeutenden historischen Zäsuren betroffen war.

Kindheit, Jugend und frühe Mannesjahre verbrachte Euseb in einer anhaltenden Friedenszeit für die Christen. Die Decische und die Valerianische Verfolgung (250/51; 257/58) kannte er nur noch vom Hörensagen. In außen-

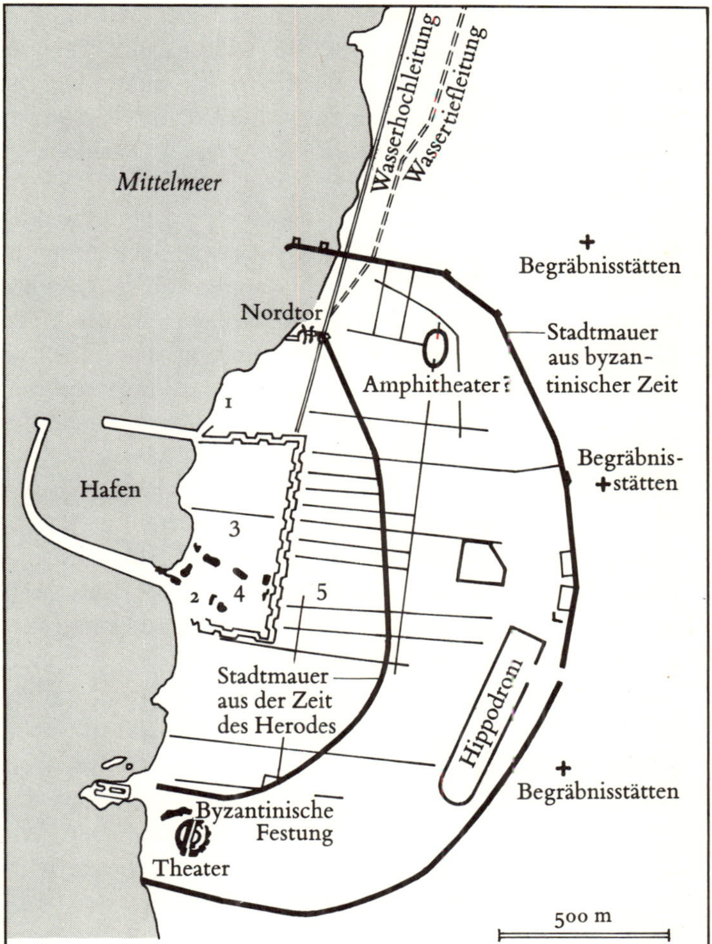

1. Reste aus hellenistischer Zeit (Stratonsturm?) und Synagoge aus byzantinischer Zeit
2. Kirche aus byzantinischer Zeit
3. Stadt zur Zeit der Kreuzzüge
4. Reste des herodianischen Tempels für Augustus und Roma
5. Byzantinische Straße

Stadtplan von Kaisareia

politischer Hinsicht war das Reich in dieser Zeit in einer ruhigen Phase. Zudem sorgte Diokletians große Verwaltungsreform, die 293 begann, auch für die innere Stabilisierung. Der Osten des Reiches erhielt dadurch eine besondere Aufwertung, daß Diokletian seine Residenz in Nikomedeia/Bithynien nahm.

Euseb war also schon um die vierzig Jahre alt, als die Christenverfolgung im Jahr 303 einsetzte. Sie dauerte im Osten bis zum Jahr 313. Nach der langen Friedenszeit bedeutete das für die Christen einen ungeheuren Einschnitt. Euseb sowie die Schrift *De mortibus persecutorum* (Über die Todesarten der Verfolger) des Rhetors Laktanz machen uns die Tiefe dieser Zäsur deutlich. Um so größer war der Triumph, als Konstantin I. im Jahre 324 Herrscher des Gesamtreiches wurde. Aber auch die Erfahrung großer kirchlicher Auseinandersetzungen gehörte in Eusebs Leben. Vor allem der Streit um die Lehre des alexandrinischen Presbyters Areios über das Verhältnis Gottvaters zum Sohn (Logos) belastete das Ansehen Eusebs und verwickelte ihn in Auseinandersetzungen.

Eusebs Leben war mit Kaisareia in Palästina verbunden. Sein Geburtsort ist uns zwar nicht überliefert, doch schreibt er in einem Brief an die Gemeinde von Kaisareia von »unserem Glaubensbekenntnis«, »wie wir es von unseren bischöflichen Vorgängern empfangen haben, wie wir im ersten christlichen Unterricht unterwiesen wurden und worauf wir getauft wurden, wie wir aus den heiligen Schriften gelernt haben, und wie wir als Presbyter und als Bischof geglaubt und gelehrt haben«[40]. Da es sich um ein spezielles Glaubenssymbol der Kirche von Kaisareia handelte, muß man annehmen, daß er zumindest seit früher Kindheit in dieser Stadt lebte. Ob er aus einer christlichen oder heidnischen Familie stammte – wir wissen es nicht. Eine jüdische oder samaritanische Familie wird es wohl nicht gewesen sein. Das kann man aus dem

Ton schließen, in dem er später über diese Religionen schreibt.

War Euseb als Kaisareianer mit dem Stempel des Provinziellen versehen? Herodes d. Gr. hatte das kleine und unbedeutende Städtchen Stratonsturm in den Jahren 22 bis 10/9 v. u. Z. zu einem bedeutenden Hafen ausgebaut. Zu Ehren Caesars gab er der Stadt den neuen Namen. Der jüdische Historiker Josephos hat uns einen genauen und eindrücklichen Bericht über die Neugründung gegeben: »Er baute sie ganz aus weißen Steinen wieder auf und schmückte sie mit einem glänzenden Königspalast ... der König besiegte die Natur durch Aufwand und Ehrgeiz und legte einen Hafen an, der größer war als der Piräus ... An der Einfahrt befanden sich auf jeder Seite drei überlebensgroße Standbilder, aufgebaut auf Säulen, von denen die beim Einlaufen links gelegenen ein derber Turm trug, die rechts befindlichen Statuen auf zwei miteinander verbundenen geraden Blöcken ruhten, die höher waren als der gegenüberliegende Turm. Die an den Hafen angrenzenden Häuser waren auch aus weißem Stein, und die Straßen der Stadt liefen auf den Hafen zu, im gleichen Abstand voneinander angelegt. Und der Hafeneinfahrt gegenüber stand auf einem Hügel ein durch Schönheit und Größe ausgezeichneter Tempel des Caesar.«[41] »Was nun die unterirdischen Gänge betrifft, so waren sie ebenso kunstvoll angelegt wie die Gebäude über der Erde. Einige von ihnen, die voneinander durch gleiche Zwischenräume getrennt waren, reichten bis zum Meeresufer, während ein gleicher Gang alle übrigen quer durchschnitt, so daß das Regenwasser und die Schmutzwässer der Stadt abfließen und die Meeresfluten von außen eindringen konnten, wodurch die ganze Stadt unterspült und rein gehalten wurde. Außerdem baute Herodes in der Stadt ein Theater aus Felsquadern und hinter demselben an der Südseite des Hafens ein Amphitheater, welches eine ungeheure Menschenmenge zu fassen vermochte und so günstig lag, daß es eine weite Aussicht aufs Meer gestattete.«[42]

Archäologische Untersuchungen bestätigen die Großartigkeit dieser städtischen Anlage und geben dem Bericht des Josephos in den Einzelheiten recht.[43]

Vom Jahr 6 u. Z. an war Kaisareia Sitz der römischen Prokuratoren. Auch der Präfekt Pontius Pilatus hatte hier seinen Amtssitz.[44] So nannte sie Tacitus »Iudaeae caput«.[45] Unter Kaiser Alexander Severus (222–235) wurde die Stadt zur Metropolis Provinciae Syriae Palaestinae erhoben. Jerusalem war ja nach seiner Zerstörung im Jahr 70 u. Z. keine Konkurrenz mehr. Im Zuge der Reform Diokletians wurde die Bedeutung der Stadt noch dadurch erweitert, daß nun auch die Stadt Dora an Palästina übertragen wurde und daß zudem Südarabien mit den Städten Petra und Eleusa, der Golf von Akaba und die Sinaihalbinsel zum Verwaltungszentrum Kaisareia gehörten. Die sogenannte Veronaliste (etwa 312/14 entstanden) zählt die Provinzen Palästina, Arabia, Arabia Augusta Libanensis auf und meint mit letzteren das Ostjordanland.[46] Erst im Jahr 358 wurde, wie man aus einem Brief des Rhetors Libanios erfährt,[47] die Provinz Palästina Salutaris mit Petra als Hauptstadt verselbständigt. Der Augustus Maximinos Daja (307–312) hatte in Kaisareia seine Residenz.[48]

Zur Zeit Eusebs hatte die Stadt also ihren Höhepunkt erreicht. So wird sie auch noch von Schriftstellern des späten 4. Jh. gerühmt, von Ammianus Marcellinus zum Beispiel, der ihr noch Eleutheropolis, Neapolis, Askalon und Gaza an die Seite stellte,[49] oder vom unbekannten Verfasser eines Handelshandbuches, der sie mit Berytos (Beiroūt) verglich.[50]

Die Stadt war von einer ethnisch-religiösen Vielfalt bestimmt, die in Palästina keine Parallele hatte und die im Römischen Reich ansonsten nur in den Großstädten er-

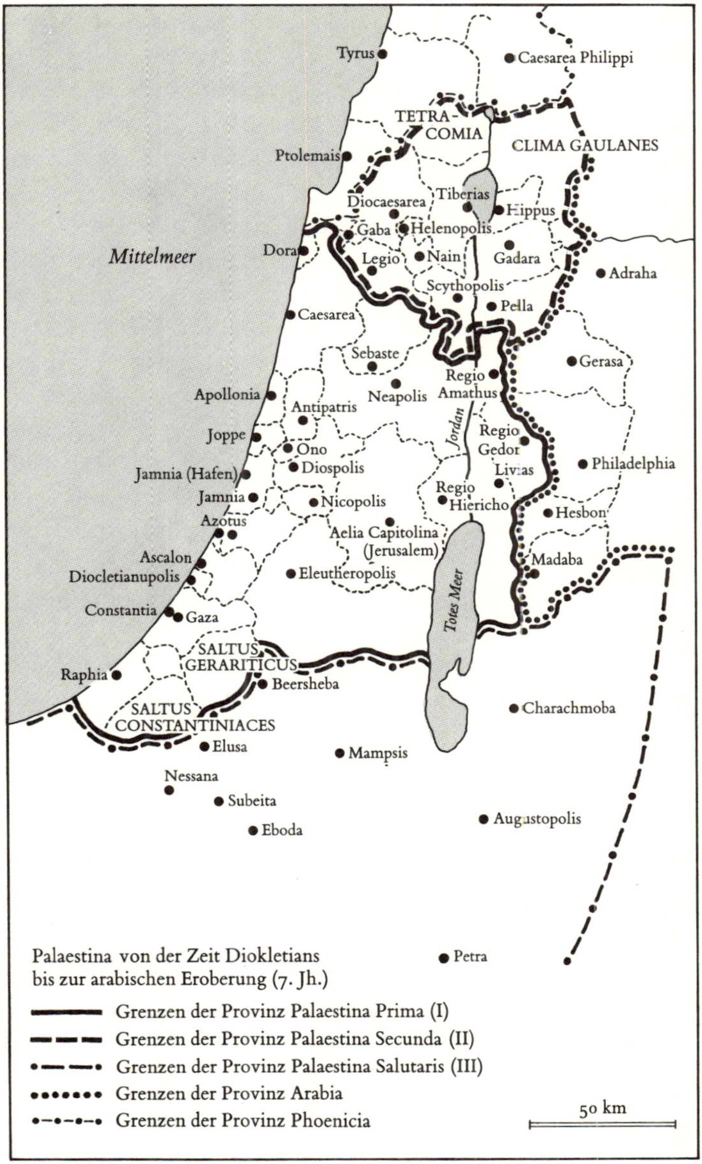

Karte der Provinz Palästina

reicht wurde. Samaritaner, Juden, Anhänger der verschiedensten heidnischen Kulte, Christen waren die großen Gruppen zur Zeit Eusebs. Der Jerusalemer Talmud enthält einen Ausspruch aus der Mitte des 4. Jh., daß Juden und Goyîm – darunter sind Heiden und Christen zu verstehen – erst zusammen die Samaritaner an Zahl übertreffen.[51] Gerade über die stärkste Gruppe haben wir die schlechteste Quellenüberlieferung. In das Leben der jüdischen Gruppe geben uns die rabbinischen Quellen einen guten Einblick. Unsere Kenntnisse über die Christen verdanken wir vor allem Origenes, der im Jahr 231 von Alexandreia nach Kaisareia übersiedelte und 254 starb. Seine Nachrichten liegen also vor der Zeit Eusebs. Für die folgende Periode sind es Angaben in Eusebs Schriften, auf denen wir vornehmlich basieren müssen. Wenn auch ein Schriftsteller fehlt, der das Leben der Stadt als Ganzes dargestellt hätte, können wir uns doch aus allen genannten Quellen ein verhältnismäßig gutes Bild von Kaisareia im 3. und zu Beginn des 4. Jh. machen.

Geistige Enge konnte in einer solchen Stadt nicht aufkommen. Die Haltung war kosmopolitisch, zumal zusätzlich noch gute Beziehungen zu Ägypten und Syrien bestanden.[52] Die Sprache der Stadt war Griechisch, die geistige Prägung die hellenistische. Das traf sogar für die Kult- und Gebetssprache der Juden zu.

Geistiges und religiöses Leben waren sehr rege. Die Münzen lassen erkennen, daß alle hellenistischen Götter und Kulte Verehrer fanden.[53] Aus einer Bemerkung Eusebs kann man wohl schließen, daß es viele Tempel in der Stadt gab.[54] Sie enthielt auch mehrere Synagogen, wie der Talmud zeigt. Eine Kirche im Zentrum ist archäologisch gesichert. Von großen öffentlichen Diskussionen zwischen Juden und Christen wird uns berichtet.[55] Für ihre alttestamentlichen Studien hatten Origenes und Euseb Kontakte zu jüdischen Gelehrten.[56] Dagegen kam es um die Wende zum 4. Jh. zu einem endgültigen Bruch zwischen Juden und Samaritanern.[57]

Kaisareia war im 3. und 4. Jh. als ein geistiges Zentrum bekannt. Wir wissen von hellenistischen, jüdischen und christlichen Schulen. Wie in anderen Städten gab es auch hier die Möglichkeit rhetorischer, literarischer und rechtswissenschaftlicher Studien. Aus dem 4. Jh. sind uns bedeutende Lehrer bezeugt, so Akakios und der Sophist Thesperios.[58] Die jüdischen Schulen widmeten sich biblischen und jüdisch-rechtswissenschaftlichen Studien. Hervorragende Rabbis zur Zeit Eusebs waren Jose b. Ḥanina, der die jüdische Akademie in Kaisareia restaurierte, und um die Jahrhundertwende Abbahū, Isaak Napaha, Ḥanina b. Papa. Das hohe Niveau konnte auch über die Mitte des 4. Jh. hinaus gehalten werden.[59] Als Origenes nach Kaisareia kam, richtete er hier eine christliche Lehranstalt ein, die neben den üblichen Fächern des hellenistischen Erziehungsprogramms den Nachdruck auf Philosophie und Bibelstudien legte. Als besonders wichtig sah er die Übereinstimmung von Lehre und Leben an. Ein Schüler des Origenes – Gregor der Wundertäter laut Euseb[60] – hat uns einen guten Einblick in Lehrprogramm und -methode seines Lehrers gegeben.[61] Nachfolger des Origenes war Pamphilos, der Lehrer Eusebs. Wie gut die Ausbildung in Kaisareia war, geht aus der Breite der Interessen Eusebs hervor.

Eine weitere Tat des Origenes für die Hebung des Ansehens Kaisareias war die Einrichtung einer Bibliothek. Pamphilos sah in ihrem Ausbau eine seiner wesentlichen Aufgaben. Euseb hatte in seiner leider nicht erhaltenen Schrift über das Leben des Pamphilos einen Katalog des Bestandes dieser Bibliothek gegeben.[62] Laut Isidor von Sevilla habe die Bibliothek 30 000 Bände besessen.[63] Das ist wohl stark überzogen. Die Bibliothek wurde in der großen Verfolgung nicht zerstört. Hieronymus berichtet an einer in ihrer Überlieferung allerdings fraglichen Stelle, daß die Nachfolger Eusebs, Akakios und Euzoios, die Bücher auf Pergament umschreiben ließen, um dem natürlichen Verfall zu wehren.[64] Wenn man das aus den Fragmenten der Kirchengeschichte des Gelasios von Kaisareia, der am Ende des 4. Jh. schrieb, schließen darf, gab es zu dieser Zeit keine gute Bibliothek und kein Sammelinteresse mehr.[65] Aus den Schriften Origenes' und Eusebs kann man entnehmen, welche Gebiete vor allem vertreten waren: Bibelhandschriften, Theologisches, von der profanen Literatur viele philosophische Werke (Platon, Mittlerer und Neu-Platonismus bis zu Porphyrios), historiographische Literatur, Urkunden, aber kaum poetische Texte.[66]

In einer solchen Stadt gab es natürlich auch Übergänge zwischen den genannten Gruppen. Origenes zum Beispiel klagte über die große Attraktivität judaeo-christlicher Sekten wie der Ebioniten und der Elkesaiten.[67] Einerseits wurden Kontakte und Toleranz gefördert, andererseits kam es auch zu Abkapselung und Ablehnung. Eusebs *Demonstratio evangelica* (Evangelischer Beweis) enthält sehr kritische Anfragen an die Juden.[68] Wichtig für die Beurteilung der Situation ist auch eine Bemerkung des Origenes über die tiefe Kluft in der Gemeinde zwischen Intellektuellen und einfachem Volk.[69] Euseb berichtet über allerlei Machtkämpfe innerhalb des Klerus während der Verfolgung des Decius.[70]

Natürlich gab es auch viele Möglichkeiten ökonomischer, sozialer und kommunaler Kommunikation und daraus resultierende Spannungen. Palästina konnte im 3. und 4. Jh. seinen wirtschaftlichen Standard halten. Das schon erwähnte Handelshandbuch hebt für Kaisareia besonders die Produktion von und den Handel mit gefärbten Purpurstoffen, mit Getreide, Wein, Olivenöl hervor.[71] Berühmt war Kaisareia auch durch seine Glasindustrie.

Straßenkarte von Palästina

Große Handelsstraßen führten über die Karawanenstädte Palmyra, Petra, Gerasa und Bostra in die Hafenstädte Tyros und Kaisareia. Münzen zeigen, daß von Kaisareia aus zu allen Städten Palästinas Handelsverbindungen bestanden. Der Seehandel war weit gespannt: Alexandreia, Antiocheia, Arados, Berytos, Damaskos, Konstantinopel, Petra, Philadelphia, Sidon, Thessalonike, Tripolis, Tyros.[72]

Nur beiläufig spricht Euseb in seinen Werken von eigenen Reisen. So hat er den berühmten Exegeten Dorotheos von Antiocheia gehört,[73] kannte die Bibliothek des Bischofs Alexander in Jerusalem,[74] war während der Verfolgung in Tyros wie in der Thebais.[75] Später waren es dann Synoden in Antiocheia, Jerusalem, Nikaia, Tyros, die er besuchte. Und natürlich war er in Nikomedeia und Konstantinopel am Hofe des Kaisers Konstantin.[76] Die Grenzen der Präfektur des Ostens, die Ägypten, Vorderasien und Thrakien umfaßte, hat er also nie überschritten.

Wie er reiste, wissen wir nicht. Bei einer Hafenstadt liegt es nahe, daß er für längere Strecken den Schiffsweg benutzte. Doch auch das Straßensystem war sehr gut ausgebaut. Euseb hebt eigens hervor, daß die Bischöfe bei Reisen zu Synoden die Staatspost benutzen durften.[77]

Prägend für Euseb blieb vor allem Kaisareia und das heißt: wirtschaftliche Prosperität, Kosmopolitismus, Selbstbewußtsein, Toleranz und Gelehrsamkeit. In diesem Milieu ist vordringlich der Schlüssel zu einem Verständnis und einer angemessenen Beurteilung von Leben und Werk Eusebs zu suchen und zu finden.

Der Gelehrte, Theologe und Bischof

Bildung

Wenn wir die übliche Schulbildung voraussetzen können, so hat Euseb etwa als Siebenjähriger mit einer dreijährigen Elementarausbildung begonnen. Hier lernten die Kinder Lesen, Schreiben, Rechnen, Singen, die einfachen grammatischen Kenntnisse, wohl auch Mythologie. Wir wissen ja nicht, ob er aus einer heidnischen oder christlichen Familie stammte. Eine christliche Entwicklung von früh auf legt jedoch die oben zitierte Passage aus Eusebs Brief an die Gemeinde zu Kaisareia nahe.

Nach der Grundausbildung setzte die *Enkyklios Paideia* ein, die Grammatik, Dialektik, Rhetorik, Musik, Astronomie, Arithmetik, Physik umfaßte.[78] Die Lektüre der Dichter stand dabei im Mittelpunkt. Ein Teil dieser Fächer gehörte auch zum Programm der christlichen Schule des Origenes (siehe Seite 23).

Zwei große Persönlichkeiten haben Eusebs Entwicklung in besonderer Weise beeinflußt. Die eine war Pamphilos, dem Euseb seine wissenschaftliche Ausbildung verdankte. Die andere war Kaiser Konstantin I., mit dem er erst nach 324 in persönlichen Kontakt kam. Wir werden dessen Einfluß noch am Ende des Buches zu erwägen haben.

Wie grundlegend Euseb die Wirkung des Pamphilos ansah, wird durch eine Geste deutlich. Er führte den Beinamen *ho tu Pamphilu* (geistiger Sohn des Pamphilos). Euseb hat ihm in seinen Werken mehrmals ein Denkmal gesetzt; er nannte ihn »einen ausgezeichneten Menschen und in seiner Lebensführung wahren Philosophen, der in der dortigen Gemeinde des Presbyteramtes gewürdigt ward. Es wäre keine geringe Aufgabe, wollte man darlegen, wer dieser Mann gewesen und woher er gekommen. Einzelnes indes aus seinem Leben und der von ihm gegründeten Schule sowie seine Kämpfe bei verschiedenen Bekenntnissen während der Verfolgung und schließlich den Kranz des Martyriums, den er sich gewunden, haben wir in einem eigenen seiner Person gewidmeten Werke behandelt. Unter denen, die hier gelebt, war er sicherlich die bewundernswerteste Erscheinung.«[79] Diese Biographie, auf die Euseb hier anspielt, ist leider nicht erhalten.

Eusebs Schrift über die Märtyrer in Palästina enthält einige wichtige Nachrichten über Pamphilos und seinen Schülerkreis. Er stammte aus der berühmten Hafen- und Studienstadt Berytos (Beiroūt) und hatte dort seine Schulbildung erhalten. Aus reicher und angesehener Familie stammend, hatte er ein Amt in der Stadt übernommen. Er brach die Karriere aber ab und ging nach Alexandreia, um bei Pierios, der als einer der Nachfolger des Origenes die dortige christliche Schule leitete, Theologie zu studieren. Euseb hebt in seiner Kirchengeschichte[80] die besonderen Qualitäten des Pierios als Asket, Philosoph, Bibelexeget und Prediger hervor. Pamphilos siedelte sich dann in Kaisareia an. Wahrscheinlich war es die Verehrung für Origenes und der Drang, dessen Werk in Kaisareia fortzusetzen, der für diese Ortswahl bestimmend war. Sein ganzes Vermögen gab er den Armen und lebte besitzlos der Askese und der Wissenschaft, ganz in der Nachfolge des Origenes. Da er zu den hervorragenden Persönlichkeiten der Gemeinde gehörte, wurde er nach Ausbruch der Verfolgung unter Maximinus Daja inhaftiert und Folterungen unterworfen. Auch in dieser Zeit hatte Euseb engen Kontakt zu ihm. Am 16. Februar 309 wurde er enthauptet, »der unter allen meinen Freunden von mir am meisten geliebt wurde«,[81] wie Euseb sagt.

Auch zwei Studenten des Pamphilos wurden Opfer der Verfolgung. Apphianos war noch nicht zwanzig Jahre alt, also wesentlich jünger als Euseb, der zu dieser Zeit schon im Beginn der Vierziger stand. Er stammte aus einer reichen und vornehmen Familie in Lykien/Kleinasien. Zum Studium wurde er nach Berytos geschickt, um dann eine Karriere in seiner Heimatstadt Gagae zu beginnen. Doch wieder zu Hause, befriedigte ihn der Lebensstil nicht. So ging er nach Kaisareia und studierte bei Pamphilos Theologie. Vor dem Richter zeigte sich der junge Mann dann so mutig und überzeugungskräftig, daß man ihn schließlich ermordete. Sein Bruder Aidesios widmete sich unter der Führung des Pamphilos vor allem dem Studium der Philosophie und las nicht nur griechische, sondern auch römische Schriftsteller. Nach Zwangsarbeit in den palästinensischen Metallbergwerken wurde er nach Alexandreia gebracht. Es zeugt von einem hohen Selbst-, Standes- und Rechtsbewußtsein, daß er über die Rechtswidrigkeiten des dortigen Statthalters Hierokles gegen die Christen so erbost war, daß er diesen schließlich bei einer Verhandlung tätlich angriff und zu Boden schlug. Er wurde daraufhin ertränkt.[82] Euseb wollte in der genannten Schrift nicht die Schule beschreiben, sondern die Märtyrer ehren. So erhalten wir nur einen kleinen Einblick, der aber doch etwas von der Qualität, der Lebens- und Studienauffassung und der Autorität dieses christlichen Gelehrtenkreises erkennen läßt.

Die asketische Prägung, die Bemühung um eine praxisverbundene Wissenschaft und um die Umsetzung der gewonnenen Erkenntnisse im Leben wird sehr deutlich.

Wenn Euseb auch keine Schriften hinterlassen hat, die diesen asketischen Zug besonders betonen, wird man doch annehmen dürfen, daß er von diesem Geist der Origenes- und Pamphilosschule nicht unberührt geblieben ist. Wenn man ihm in moderner Zeit gern das Etikett »Hofbischof« gibt, sollte man das mit in Rechnung stellen. Persönliche Integrität konnte einem Kaiser wie Konstantin schon imponieren.

Von dem Aufbau der berühmten Bibliothek in Kaisareia durch Origenes und vor allem durch Pamphilos war schon im vorhergehenden Kapitel die Rede. Euseb hat an der Erweiterung der Bibliothek aktiv Anteil genommen.[83] Mit seinen großen historiographischen Arbeiten begann er vor 300. Sie setzten die Sammlung von Akten, Urkunden, Literatur, Briefen, Exzerpten voraus, die Euseb zusammen mit Pamphilos und seinen Freunden in erstaunlichem Umfang durchgeführt haben muß.[84] Diese Sammlertätigkeit muß bewußt auf das Ziel solcher Darstellungen ausgerichtet gewesen sein. Die späteren Zeugnisse über die Bibliothek legen die Annahme nahe, daß vollständige Schriften gesammelt wurden und nicht nur eine Auswahl von Exzerpten das Ziel der Bemühungen war. Das zuletzt genannte Verfahren können wir dagegen bei einem Kirchenhistoriker verfolgen, der im 14. Jh. schrieb, nämlich bei Nikephoros Kallistos Xanthopulos. Eine seiner Exzerptensammlungen ist uns im *Cod. Baroccianus gr. 142* erhalten.[85]

Ein anderes Spezialgebiet des Pamphilos, an dem Euseb wissenschaftliche Akribie lernte, war die Bemühung um den Bibeltext. In der Bibliothek von Kaisareia wurde nämlich die *Hexapla* (»sechsfach«), das Riesenwerk des Origenes zur Herstellung eines wissenschaftlichen Textes des Alten Testaments, aufbewahrt. In sechs Kolumnen wurde der Text geboten: der hebräische Text in hebräischer Schrift, der hebräische Text in Umschrift mit griechischen Buchstaben, die griechischen Übersetzungen des Aquila, des Symmachos, der Septuaginta (der »Siebzig«) und des Theodotion. Lücken im hebräischen Urtext, Zusätze aus den Übersetzungen, falsche Übersetzungen, richtige Lesarten, alles war genau gekennzeichnet.[86] Auf dieser wissenschaftlichen Grundlage bemühten sich Pamphilos und sein Kreis um die Verbreitung textkritisch einwandfreier Bibelhandschriften. Das bestätigen uns sowohl Bemerkungen des Hieronymus wie auch Unterschriften in uns erhaltenen Bibelhandschriften. Mehrere Unterschriften bezeugen die Zusammenarbeit des Pamphilos mit Euseb.[87] Neben Euseb werden noch weitere Mitarbeiter genannt. So heißt es zum Beispiel im *Codex Sinaiticus* an zwei Stellen: »Der Text wurde mit der allerältesten Kopie verglichen, die von der Hand des heiligen Märtyrers Pamphilos berichtigt war. Diese Kopie trug am Ende den folgenden eigenhändigen Vermerk: Übernommen und verbessert nach der Hexapla des Origenes. Antoninos verglich, Pamphilos verbesserte.« Und etwas weiter im Kodex: »Übernommen und verbessert nach der Hexapla des Origenes. Von ihm korrigiert. Der Bekenner Antoninos verglich. Pamphilos verbesserte den Band im Gefängnis...«[88]

Daß Euseb auch nach dem Tod des Pamphilos hier einen Schwerpunkt seiner Arbeiten sah, geht aus dem Auftrag des Kaisers Konstantin an ihn hervor, für den liturgischen Gebrauch in den Kirchen Konstantinopels fünfzig Bibelexemplare zu liefern. Euseb hat den Brief des Kaisers in seinem »Leben Konstantins« abgedruckt: »... du mögest fünfzig Bände von den göttlichen Schriften, deren Anschaffung und Gebrauch du für das Beste der Kirche am meisten als notwendig erachtest, auf gut zubereitetem Pergament, leicht leserlich und handlich für den Gebrauch, von Künstlern herstellen lassen, die in ihrer Kunst, schön zu schreiben, wohl erfahren sind. Es wurde ein Schreiben von unserer Milde an den Finanzverwalter der Provinz abgeschickt, er solle fürsorglich alles zur Herstellung der Bücher Erforderliche beschaffen... Auch sollst du kraft dieses unseres Schreibens zwei Staatswagen zur Verfügung haben, um die Bände hierher bringen zu lassen; denn so können die schön geschriebenen Bände wohl am allerleichtesten auch uns zu Gesichte kommen.«[89]

Schließlich war Pamphilos ein großer Verehrer des Origenes und betrachtete sich als dessen Sachwalter in Kaisareia. Ein Teil seiner Bibliothekstätigkeit war der vollständigen Sammlung der Schriften des Meisters gewidmet. Mit Euseb zusammen verfaßte er die bereits oben erwähnte Verteidigungsschrift für Origenes, »welche wir ränkesüchtiger Menschen wegen mit Mühe gemeinsam ausgearbeitet haben«, wie Euseb sagt.[90] Wie stark sich diese Verehrung auf Euseb ausgewirkt hat, läßt sich deutlich aus dem sechsten Buch seiner Kirchengeschichte entnehmen. Euseb hat aber durchaus seine Eigenständigkeit dem origenistischen theologischen System gegenüber bewahrt, wie noch in diesem Buch zu zeigen sein wird.[91]

Origenes hatte für seine Bibelstudien Hebräisch gelernt. Über die Sprachfähigkeit des Pamphilos erfahren wir nichts. Eusebs Sprachkenntnisse können wir nur auf indirektem Wege erschließen. Kaisareia war eine völlig hellenisierte Stadt. Aber es dürfte kein Problem gewesen sein, das Hebräische zu lernen. In seinen Bibelkommentaren bezieht sich Euseb immer wieder auf den hebräischen Text und vergleicht ihn mit den griechischen Übersetzungen. Dabei bediente er sich offensichtlich kundiger Hilfe. So beruft er sich im Jesajakommentar direkt auf »den Lehrer der Juden«, der ihm einen Textzusammenhang verdeutlicht habe.[92] Daß Euseb in dieser Sprache und ihren Problemen zumindest nicht unkundig war, entspräche der wissenschaftlichen Auffassung der Schule in Kaisareia. Auch etwas Latein scheint er gekonnt zu haben. Für Aidesios hatte Euseb solche Kenntnisse hervorgehoben. Derartige Studien waren in diesem Gelehrtenkreis also möglich. In seiner Kirchengeschichte behauptet Euseb mehrfach, daß er lateinische Texte in das Griechische übersetzt habe: »Wir haben es so gut wie möglich in das Griechische übersetzt.«[93] Damit ist natürlich nicht gesagt, daß er eine ausgedehnte Kenntnis lateinischer Literatur besessen hätte. Für Tertullian zum Beispiel beruhen seine Informationen allein auf einer griechischen Übersetzung des *Apologeticum*.[94] Die Kenntnis des Syrischen war in Palästina durchaus verbreitet. Es gab Gemeinden, in denen der Gottesdienst mehrsprachig gehalten wurde.[95] Aus Kaisareia ist uns solches nicht überliefert. Daß ein Teil der Schriften Eusebs wahrscheinlich schon zu Lebzeiten des Autors ins Syrische übersetzt wurde, braucht nicht auf Syrischkenntnisse Eusebs zu deuten.[96] Da Syrisch aber für jeden, der die frühe Kirchengeschichte erfassen wollte, eine sehr wichtige Sprache war, wird man auch Euseb irgendwelche Fähigkeiten auf diesem Gebiet nicht absprechen wollen.

Auf die regen Auseinandersetzungen unter den verschiedenen Religionsgruppen der Stadt wurde schon hingewiesen. Mit ihrer Origenesbiographie hatten Pamphilos und Euseb in innerkirchliche Kämpfe eingreifen wollen. Apologetische Aktivitäten gegen Juden und Heiden werden von Pamphilos nicht berichtet. Offensichtlich war Euseb in diesem Kreis dazu bestimmt, die Auseinandersetzung mit wissenschaftlichen Mitteln zu führen. Schon frühzeitig muß Material für diese Zwecke gesammelt worden sein, wie aus den Entstehungsdaten von Eusebs Schriften zu entnehmen ist, die ja eine jahrelange Vorbereitung voraussetzten.

Keinen besonderen Nachdruck legte man im Kreis um Pamphilos auf die rhetorische Ausbildung. So erklärt es sich dann auch, daß Eusebs rhetorische Werke nicht zu den Spitzenleistungen dieses Genres gehören.

Es wird nicht bezeugt, daß Euseb die Schule des Origenes/Pamphilos fortführte. Der Kirchenhistoriker Sokrates stellt allerdings ausdrücklich Euseb und Akakios, den Nachfolger im Bischofsamt, in ein Lehrer-Schüler-Verhältnis.[97] Nun schrieb zwar Sokrates erst in der ersten Hälfte des 5. Jh., doch hatten sich Akakios und dessen Nachfolger Eulogios um den Fortbestand der Bibliothek bemüht. Das liegt ganz auf der Linie der Schule zu Kaisareia. Zudem geht aus der Bitte des Kaisers um Bibelhandschriften hervor, daß die Studien für einen kritischen Bibeltext unter Eusebs Leitung weiterhin intensiv betrieben wurden. So ist es durchaus möglich, daß Euseb das Vermächtnis des Pamphilos auch als Lehrer fortführte.

Wissenschaftliche Arbeiten

Zu vielen Gebieten hat Euseb etwas beigetragen: zu den biblischen Studien, zur Auseinandersetzung mit Juden und Heiden, zur Historiographie, zur Dogmatik, zur Kaiserideologie.[98] Wir wollen hier nicht die Werke nach Sachgruppen geordnet vorstellen, sondern die chronologische Entwicklung verfolgen. Das scheint uns für das Erfassen der Entwicklung Eusebs ergiebiger zu sein. Die Schwierigkeit ist dabei jedoch, daß die Datierung der einzelnen Werke nicht sicher und in der Forschung sehr umstritten ist. Aus der diesem Buch beigefügten Zeittafel sind die unterschiedlichen Datierungsversuche zu entnehmen. Auf eine nähere Begründung der von mir vertretenen Zeitansetzungen mußte aus Raumgründen verzichtet werden.

Vor allem Eusebs schriftstellerischer Tätigkeit ist es zu verdanken, daß wir lebhaften Anteil an der für die Kirche so entscheidenden Entwicklung vom 3. zum 4. Jh. nehmen können. Das macht die Beschäftigung mit der literarischen Hinterlassenschaft Eusebs für den Historiker sehr lohnend.

Euseb war schon um die vierzig Jahre alt, als die große Friedensperiode für die Kirche zu Ende ging. Leistungskräftige Mannesjahre hatte er bereits der strengen wissenschaftlichen Arbeit gewidmet. Von seiner Beteiligung an den Bemühungen um eine kritische Edition des Bibeltextes und am Ausbau der Bibliothek war schon die Rede. Im Unterschied aber zu seinem Lehrer Pamphilos, der wohl außer der Apologie für Origenes keine größeren Werke verfaßt hat, schrieb Euseb bereits in dieser Zeit einige wissenschaftliche Standardwerke, die seinen dauernden Ruhm begründeten. Für diese Arbeiten muß er sich sehr früh und sehr gezielt ein »ungeheures, geordnetes Zettelmaterial«, um mit Adolf von Harnack zu reden,[99] geschaffen haben. Er war schon zu dieser Zeit der Bedeutendste im Pamphiloskreis. Der Lehrer hatte sicher früh die Begabung erkannt und sie wohl auch uneigennützig gefördert. Pläne und Material für Arbeiten, die erst nach Beendigung der Verfolgung in Angriff genommen werden konnten, müssen schon in dieser Zeit bestanden haben. Um eine solche wissenschaftliche Kapazität zu schonen, wird man ihm auch nahegelegt haben, nicht dem Lehrer in das Martyrium zu folgen, sondern sich durch Reisen dem Zugriff des Gegners zu entziehen.

In die Zeit vor dem Ausbruch der großen Verfolgung gehören sicher eine Sammlung alter Märtyrerakten bis zur Verfolgung des Kaisers Decius (250/51), die erste Ausgabe der Chronik und die erste Ausgabe der Kirchengeschichte, die die Bücher 1 bis 7 umfaßte. Chronik und Kirchengeschichte sollen uns in Kapitel 4 genauer beschäftigen. In die genannte Zeit gehören wahrscheinlich auch die uns überlieferte Schrift gegen seinen Zeitgenossen Hierokles, den Statthalter in Bithynien und später Ägypten, der eine Streitschrift gegen die Christen gerichtet hatte, und ein umfangreiches Werk von 25 Büchern, das fast gänzlich verloren ist, gerichtet gegen den Philosophen Porphyrios, der gegen Ende des 3. Jh. Abhandlungen wider die Christen geschrieben hatte. Photios erwähnt in Cod. 13 seiner Bibliothek zwei Bücher »Widerlegung und Verteidigung« gegen heidnische Angriffe auf das Christentum. Zehn Bücher umfaßte eine »Allgemeine elementare Einleitung«, von der die Bücher 6 bis 9 mit Erklärungen der messianischen Weissagungen des Alten Testaments erhalten sind *(Eclogae propheticae)*, von Euseb als Fortsetzung der Chronik verstanden.[100] In dieser frühen Periode könnte auch die Ausarbeitung des großangelegten geographischen Werkes über Ethnographie und Topographie des heiligen Landes entstanden sein, eine Arbeit, die umfangreiche Materialsammlungen voraussetzte. Davon ist nur der letzte Teil, ein alphabetisches Verzeichnis der biblischen Ortsnamen, auf uns gekommen (*Onomasticon*). Auch die Ausarbeitung der Tabellen, die einen Überblick über die Parallelstellen der vier Evangelien ermöglichten (Kanontafeln) und sich einer großen Beliebtheit erfreuten – sie wurden ins Koptische, Syrische, Armenische übersetzt –, würde gut in diese Zeit der ruhigen gelehrten Arbeiten passen. Für ihre Datierung haben wir allerdings keinerlei konkreten Anhaltspunkt.

Während der Verfolgungszeit ruhte die Arbeit nicht. So gingen die Bemühungen um einen kritischen Bibeltext weiter. Die Verteidigungsschrift für Origenes, die ja auch Vorarbeiten voraussetzte, wurde abgeschlossen. Nach dem Tod des Pamphilos schrieb Euseb dessen Biographie, die leider nicht erhalten ist.

Die Zeit nach dem Toleranzedikt des Galerius (311) stellte neue Aufgaben. Das Geschehene und als ungeheuerlich

Empfundene galt es zu verarbeiten. Eine ausführliche Schrift über die Märtyrer in Palästina entstand, die vollständig in syrischer Übersetzung und zudem in griechischen, lateinischen und georgischen Fragmenten erhalten ist. Eine Kurzfassung bot Euseb als Anhang zum 8. Buch der Kirchengeschichte. Dieses sein Hauptwerk erfuhr Neubearbeitungen und Erweiterungen, die die neue Entwicklung berücksichtigten und ihr gerecht wurden. In dieser Zeit erarbeitete Euseb auch sein großes apologetisches Werk, das den Gipfel der Apologetik der griechischen Kirche darstellte: *Praeparatio und Demonstratio evangelica* (Evangelische Vorbereitung und Beweis). Es widerlegte die heidnischen und jüdischen Argumente. Eine Vorarbeit dazu waren wohl die Evangelienfragen und -lösungen, von denen uns nur Kurzfassungen und Fragmente überliefert sind. Die Auslegung von Bibelbüchern war über seine ganze Lebenszeit verteilt. Vieles davon ist uns leider nur in kleinen Fragmenten überkommen. Einer seiner großen und im wesentlichen erhaltenen und rekonstruierbaren Kommentare, nämlich die Auslegung des Jesajabuches, scheint aber auch dieser Periode zuzurechnen zu sein.

Mit der Alleinherrschaft Konstantins über das ganze Reich im Jahr 324 waren für die Christen der Ostprovinzen die Unterdrückungsprobleme endgültig behoben. Euseb stand nun schon am Beginn seines 7. Lebensjahrzehnts. Er legte die letzte Ausgabe der Kirchengeschichte, die nun auf zehn Bücher angewachsen war, und eine 2. Auflage der Chronik vor. Zugleich bot er in der syrisch erhaltenen Schrift über die Theophanie eine für breite Kreise bestimmte Kurzfassung seiner apologetischen Hauptgedanken. Diese Werke sollten den Sieg der Kirche dokumentieren.

Gegen Ende seines Lebens, nach den für ihn so unerfreulichen arianischen Auseinandersetzungen, wurde der greise Euseb noch einmal als Schriftsteller sehr aktiv. In diese Periode gehören seine Konstantinschriften, die in Kapitel 5 genauer zu betrachten sind, sein großer Psalmenkommentar und schließlich die gegen seinen theologischen Gegner, den Bischof Markellos von Ankyra, gerichteten Werke.

Ein imponierendes Gesamtwerk liegt vor uns. Wie hat man sich die Erarbeitung vorzustellen? Karl Mras meint zur *Praeparatio evangelica:* »Dieses große Exzerptenwerk hätte ohne Mithilfe von amanuenses kaum zustande kommen können. Man tut m. E. am besten, sich folgende Vorstellung davon zu machen: Euseb sitzt auf seiner kathedra umgeben von seinen diakonoi, die zugleich notarioi (tachygraphoi [Schnellschreiber]) sind, in der bischöflichen Bibliothek von Caesarea. Aufforderungen wie ... [nimm und lies] gelten ja natürlich dem Leser, nichts jedoch hindert uns anzunehmen, daß sie auch den um Eusebius herumstehenden Diakonen galten. Das von einem Diakon Vorgelesene wird von anderen nachgeschrieben. Nach Beendigung jeder solchen Vorlesung macht Eusebius seine (manchmal zu Homilien anwachsenden) Bemerkungen dazu, die ebenfalls gleich nachgeschrieben werden.«[101]

Einige Werke und Themenstellungen hat Euseb immer wieder aufgenommen und überarbeitet – ein Zeichen großer Gründlichkeit und starken Verantwortungsbewußtseins.

Wichtige Schriften seien noch etwas genauer charakterisiert: Die vier Evangelien enthalten viele parallele Abschnitte, aber auch Sondergut. Euseb hat als erster eine Methode entwickelt, beides schnell feststellen zu können. In einem Brief an einen uns ansonsten unbekannten Karpianos erklärt er seine Methode: Er habe 10 Kanontafeln aufgestellt, die das gesamte Material nach Parallelen und Sondergut aufschlüsseln. 1. Matth. Mark. Luk. Joh.; 2. Matth. Mark. Luk.; 3. Matth. Luk. Joh.; 4. Matth. Mark. Joh.; 5. Matth. Luk; 6. Matth. Mark.; 7. Matth. Joh.;

8. Luk. Mark.; 9. Luk. Joh.; 10. Sondergut der einzelnen Evangelien. Er habe die einzelnen Evangelien in Textabschnitte aufgeteilt, die er für jedes der Evangelien, jeweils mit 1 beginnend, von Anfang bis Ende durchnumeriert habe. Am Rand der einzelnen Textabschnitte seien immer die betreffende Abschnittszahl und die Kanonzahl notiert [also z. B. 109/V; 110/II; 111/V; 112/II; 113/X; 114/II; 115/V usw. in Luk. 10], so daß man schnell die Parallelabschnitte in den anderen Evangelien finden könne.[102]

Zwei Beispiele aus den Kanontafeln mögen das erläutern:

Kanon 1:	Matth.	Mark.	Luk.	Joh.
	8	2	7	10
	11	4	10	6
	11	4	10	12
	11	4	10	14
	11	4	10	28
	usw.			

Kanon 2:	Matth.	Mark.	Luk.
	15	6	15
	21	10	32
	31	102	185
	32	39	79
	32	39	133
	usw.		

Wenn wir diese Ziffern nach den Textabschnitten auflösen, ergibt sich das folgende Bild:

1	Matth.	Mark.	Luk.	Joh.
	3,3	1,3	3,3–6	1,23
	3,11	1,7.8	3,16	1,15
	3,11	1,7.8	3,16	1,26.27
	3,11	1,7.8	3,16	1,30.31
	3,11	1,7.8	3,16	3,28

	Matth.	Mark.	Luk.
2	4,1	1,12	4,1.2
	4,19.20	1,17.18	5,10.11
	5,13	9,49	14,34.35
	5,14–16	4,21	8,16
	5,14–16	4,21	11,33

Wie man schon aus den wenigen Beispielen ersehen kann, ist es auf diese wohldurchdachte und sehr übersichtliche Art möglich, auch die auseinanderliegendsten Parallelabschnitte zu erfassen. Es handelt sich um ein wissenschaftliches Arbeitsinstrument, das heute noch genauso tauglich ist wie zur Zeit Eusebs.

Wer sich mit der historischen Topographie Palästinas beschäftigt, wird auch jetzt noch zu Eusebs Lexikon der biblischen Ortsnamen greifen. Das Werk, das uns im griechischen Original erhalten ist, wurde ins Lateinische und Syrische übersetzt und durch die Jahrhunderte sehr viel benutzt.[103] In einer kurzen Einleitung erläuterte Euseb sein Programm[104]: Aufnahme der Namen von Städten und Dörfern aus den heiligen Schriften und der Änderungen seit dieser Zeit. Es sind jedoch auch Namen von Bergen, Ebenen, Flüssen, Wüsten, Landschaften, ja selbst Götzen genannt. Nicht die ganze Bibel wird ausgeschöpft, sondern vor allem die historischen Bücher des Alten Testaments, dazu sehr sporadisch auch die Evangelien. Grundsätzlich wird die alphabetische Ordnung eingehalten, doch folgt Euseb innerhalb der einzelnen Buchstaben der Reihenfolge der Bibelbücher (er beginnt also jeweils mit Genesis usw.). Die von ihm benutzten Quellen sind uns zum großen Teil erhalten, doch hat er daneben auch uns verlorenes Material benutzt und eigene Kenntnisse verwertet.

Wenigstens ein Beispiel zum Beleg für den letztgenannten Aspekt sei zitiert: »Aërmon [Hermon] (Josua

11,17). Ein Gebirge, das die Phoiniker Sanior nennen, die Amoräer [Amoriter] aber Sanir nannten. Man sagt aber, daß das Gebirge bis jetzt noch Aërmon genannt und von den Heiden als heilig verehrt wird. Es liegt [der Stadt] Paneas und dem Libanon gegenüber. Es reichten aber die transjordanischen Grenzen des Besitzes der Söhne Israels bis zum Gebirge Aërmon vom Fluß Amon an.«[105] Natürlich kann man das weder an unseren geographischen Kenntnissen noch an unseren Interessen und Fragestellungen messen. Die Namensformen sind die dem griechischen Bibeltext [der Septuaginta] geläufigen, also Aërmon und Amoräer statt Hermon und Amoriter. Uns würde viel mehr interessieren, daß der Berg 2759 m hoch ist und den Namen »Schneeberg« trägt, weil sein Gipfel immer mit Schnee bedeckt ist. Aus solchen Tatsachen erklärt es sich ja, daß er eine besondere Verehrung genoß. Euseb geht auch nicht darauf ein, daß in den biblischen Quellen mit diesem Namen Unterschiedliches gemeint ist, nämlich teils der Antilibanon, teils das Hermongebirge.[106] Er fußt in dieser Passage auf einem Text des Origenes[107], weiter auf einer uns unbekannten Quelle seiner Zeit und schließlich auf Aussagen des Alten Testaments selbst, nämlich Deuteronomium (5. Buch Mose) 3,9 und Josua 12,1.

In seinen Bibelkommentaren erweist sich Euseb als ein Theologe, der zwar von dem Vorbild des Origenes geprägt war, aber durchaus seinen eigenen Weg gefunden hat. Origenes äußert sich vor allem im vierten Buch seines in Kaisareia entstandenen Hauptwerkes *De principiis* (Die Grundlagen) zusammenhängend über die Grundsätze seiner Bibelauslegung. Im ganzen sind seine Aussagen und seine exegetische Praxis nicht ohne Widersprüche. Auch in der Origenesforschung ist man nicht in allen Punkten über die Interpretation der Aussagen des Origenes einer Meinung.[108] Er vertritt einen mehrfachen Schriftsinn, vor allem aber eine grundsätzliche Unterscheidung zwischen dem buchstäblichen Schriftsinn, der für die Anfänger im Glauben gedacht ist, und dem geistlichen Schriftsinn, der allegorisch, moralisch, auf die letzten Dinge ausgerichtet (eschatologisch) oder auf Christus bezogen sein kann (typologisch), wobei der geistliche Schriftsinn in der Wertung weit über dem buchstäblichen liegt.

Im einleitenden Abschnitt seines Jesajakommentars macht Euseb grundsätzliche Bemerkungen zu seiner exegetischen Methode, die seine Herkunft aus der Schule des Origenes nicht verleugnen, aber auch wiederum eigenständig sind. Er sagt hier: »Der Geist [Gottes] zeigte dem Propheten das Offenbarte bald in klarer Weise, so daß keine allegorischen Wendungen zur Verdeutlichung des Gesagten nötig waren und allein die Worte selbst zu gebrauchen waren, bald aber in Form von Symbolen. Diese bedeuteten etwas anderes, indem sie den sichtbaren Worten und Namen einen anderen Sinn unterlegten. So ist es zum Beispiel bei den Träumen Josephs: Elf Sterne scheinen sich vor ihm verneigt zu haben (Genesis 37,9f.), doch es sind damit seine Brüder gemeint. Ein anderes Mal sah er seine Brüder Ähren sammeln. Das war eine Anspielung auf die Hungersnot. So sah auch der Prophet, den wir hier kommentieren sollen, die meisten seiner Weissagungen in Form von Symbolen. Meistens aber wird beides auf dasselbe bezogen und teils vom Buchstaben, teils vom Sinn her verstanden. So findet man es auch in den Lehren des Heilandes, von denen der folgende Satz aufgeschrieben ist: ›Sagt ihr nicht, daß in vier Monaten Erntezeit sein wird? Hebt eure Augen und seht die Felder an. Sie sind schon weiß zur Ernte‹ (Johannesev. 4,35). Hier liegt teils wörtlicher, teils übertragener Sinn vor. Man findet unzählige andere Beispiele bei unserem Propheten. Bei ihm gibt es zum Beispiel Reden, die buchstäblich zu verstehen sind: ›Was nützt mir die Menge eurer Opfer? spricht der

Herr. Ich habe genug von Brandopfern‹ usw. (Jesaja 1,11a). Dagegen bezieht sich das folgende allein auf den übertragenen Sinn: ›Mein Geliebter besaß einen Weinberg auf fruchtbarem Boden‹ usw. (Jesaja 5,1b).«[109]

Wichtig für das Verständnis der Methode Eusebs ist es auch, daß für ihn Christus das Zentrum der Geschichte ist. Von hier aus finden dann alle Aussagen der Bibel ihre Erklärung, und es verschwinden die Unterschiede der einzelnen Bibelbücher. Euseb kann also jede Aussage in jeder biblischen Schrift des Alten oder Neuen Testaments für jede andere Aussage zur Erläuterung verwenden. Der Unterschied zur modernen historisch-kritischen Methode ist offenkundig.[110]

Das 35. Kapitel des Jesajabuches war für Euseb von ganz besonderer Bedeutung. Euseb hat sich oft mit diesem Text beschäftigt, in der zeitlichen Abfolge der Werke: *Eclogae propheticae* 4,16; *Demonstratio evangelica* 6,21; 9,6.13; Kirchengeschichte 10,4.32–34. 36. 47; Jesajakommentar.[111] An der Auslegung dieses Textes in dem zuletzt genannten Werk soll deshalb seine Methode der Kommentierung noch etwas ausführlicher verdeutlicht werden.[112] Dabei ist zu beachten, daß Euseb gerade dieses Kapitel weniger buchstäblich als im übertragenen Sinn auslegte, wogegen er dann Jesaja 36 als einen rein historischen Bericht nahm.

Von Jesaja 35,1 (»Freue dich, wüstes Land, frohlocken soll die Wüste und blühen wie eine Lilie«) stellt Euseb besonders das Wort »Wüste« heraus. Diesem Begriff wird eine tiefere theologische Bedeutung durch eine Interpretation von Jesaja 54,1 aus gegeben: »Frohlocke, du Unfruchtbare, die nicht geboren hat! Brich in Jubel aus und jauchze, die keine Wehen gekannt! Denn die Vereinsamte [im Griechischen das gleiche Wort wie für Wüste] hat mehr Kinder als die Vermählte.« Euseb interpretiert also vom griechischen Text aus. In Kapitel 34 sei die Wüste als

Strafe Gottes verstanden worden. Hier aber werde sie in den Rahmen der himmlischen Verheißung gestellt. Sie solle jauchzen, daß sie wie eine Lilie blühen werde, so wie es heiße: »Wir sind ein Wohlgeruch Christi für Gott an jedem Ort« (2. Korintherbrief 2,15).

In Vers 2 wird die Wüste des Jordan genannt. Mit dem Stichwort Jordan ist für Euseb die Taufe Jesu im Jordan gemeint, die als Geheimnis der Wiedergeburt verstanden wird. Dieses Mysterium bewahre die Wüste = Kirche Gottes. Im folgenden (»Und der Ruhm des Libanon wird ihr gegeben und die Ehre des Karmel. Und mein Volk wird den Ruhm des Herrn sehen und die Pracht Gottes«) wird der Libanon als Tempel in Jerusalem und der Karmel als das jüdische Volk gedeutet. Daraus folge: »Die Ehre des alten Volkes und der Ruhm des Tempels in Jerusalem wird nun der einstigen Wüste, ich meine der aus den Völkern gebildeten Kirche gegeben. Dann fügt er [der Prophet] hinzu: Und mein Volk – nicht Israel sagt er, sondern mein Volk – wird den Ruhm des Herrn sehen. Diese Verheißung gilt dem neuen Volk, weil es die erste Ankunft des Heilandes aufnahm. Deshalb wird es auch seine zweite Erscheinung im Ruhm sehen, seine Erhöhung schauen.«

Die Verse 3 und 4 paraphrasiert Euseb, indem er die unterschiedlichen Lesarten der griechischen Bibelübersetzungen (Symmachos, Aquila, Theodotion) vorführt. Auf den hebräischen Text geht er jedoch nicht ein. Besonders wichtig sind Euseb dann die Verse 5f. (»Dann werden die Augen der Blinden geöffnet und die Ohren der Tauben werden hören. Dann wird der Lahme wie ein Hirsch springen und die Stimme der Stummen wird deutlich sein«). Das wird von Euseb nicht auf die letzten Zeiten bezogen, sondern auf das, was er als Zentrum der Geschichte ansieht: »Das hat sich mit der Ankunft unseres Heilandes Jesus, des Christus, klar erfüllt. Zu dieser Zeit fand jede dieser Weissagungen ihre Verwirklichung, indem er jede Krankheit und jede Schwäche der Körper durch die Kraft der göttlichen Stärke, durch das Wort seiner Lehre heilte – nicht allein die Leiden der Leiber, sondern auch der Seelen. Bis jetzt doch schauen in der ganzen Welt und unter allen Völkern diejenigen mit erleuchtetem Auge der Seele auf, die einst wegen der Verstümmelung und der Blindheit der Seele unbeseelte und unbewegliche Schnitzwerke wie Götter anstaunten, so daß sie den von den Vätern überkommenen Dämonenkult verabscheuen und vielmehr den einzigen Einen wahren Gott erkennen.« Wenn Euseb den Jesajakommentar nach der Weiherede zu Tyros [113] verfaßt hat, läge hier eine Korrektur vor; denn dort heißt es: »Diese Dinge, in Worten einst vorherverkündet und in heiligen Büchern niedergelegt, vernehmen wir nun, da sie sich erfüllt, nicht mehr mit dem Ohre, sondern in den Taten.«[114] Aus der Erklärung der Verse 9 und 10 heben wir nur noch hervor, daß Euseb sie unter einem überirdischen Aspekt interpretiert. Wenn in Vers 10 von Zion geredet werde, so sei laut Hebräerbrief 12,22 (»Ihr seid gekommen zu dem Berg Zion und zur Stadt des lebendigen Gottes, dem himmlischen Jerusalem«) das himmlische Jerusalem gemeint. »Die Sieger des großen Kampfes« werden mit einem Kranz der Freude bekränzt, wie es auch 2. Timotheusbrief 4,8a heiße: »Fortan liegt für mich bereit der Kranz der Gerechtigkeit, den der Herr mir an jenem Tage verleihen wird.« So schließt Euseb den Passus mit den Worten: »Es ist offenbar, daß diejenigen, die den rettenden Weg ohne Abweichungen gegangen sind und auf ihm bis zum dreimalseligen Ende gelangten, mit dem Siegeskranz geehrt, das ewige Leben erlangen werden in dem Reich der Himmel, wo Schmerz und Leid und Seufzen nicht vorhanden sind«.

Es mag aus diesem wenigen schon deutlich geworden sein, daß Euseb zwar viel gelehrtes Material zusammenbringt, daß aber in den theologischen Fragen sein Stil merkwürdig unpräzis, pathetisch und nicht ohne Widersprüche ist.

Mit seinem Doppelwerk der *Praeparatio evangelica* (Evangelische Vorbereitung) und der *Demonstratio evangelica* (Evangelischer Beweis) erhielt die christliche apologetische Auseinandersetzung mit dem Judentum und mit den nichtchristlichen Kulten und Philosophien eine neue Qualität. Die christliche Literaturgattung der Apologetik ist schon älter. Sie blühte vor allem im 2. Jh. Hier sind das Kerygma Petri (Predigt des Petrus), Quadratus, Aristides, der Philosoph Justin, Tatian, Miltiades, Apollinaris von Hierapolis, Meliton von Sardes, Athenagoras, Theophilos von Sardes, Theophilos von Antiocheia und die Lateiner Minucius Felix und Tertullian zu nennen. Im 3. Jh. erreichte sie dann vor allem mit Klemens von Alexandreia und Origenes wesentlich mehr Tiefe. Auch der Afrikaner Cyprian gehört dieser Zeit an. Schon zum Beginn des 4. Jh. rechnen Arnobius und der Rhetor Laktanz. Euseb wußte natürlich, daß er nicht der erste war und Vorgänger hatte, war sich aber der Unterschiede in der Konzeption und in der Materialbreite wohl bewußt: »Die meisten unserer Vorgänger haben sich ja in anderer Weise um dieses Thema bemüht. Teils haben sie Untersuchungen und Argumente wider die gegen uns gerichteten Schriften zusammengetragen, teils die heiligen Schriften durch Auslegungen und Homilien zu einzelnen Stellen erläutert, teils sind sie in einer mehr streitlustigen Weise für unsere Lehren eingetreten. Unser vorliegendes Unternehmen dagegen bemüht sich um einen eigenständigen Charakter.«[115]

Nach Euseb wurden noch weitere apologetische Werke verfaßt, so von Athanasios, Johannes Chrysostomos, Kyrill von Alexandreia, Theodoret von Kyrrhos. Eusebs Unternehmen zählt in dieser Reihe zu den beachtenswertesten Leistungen. Nur im lateinischen Bereich entstand mit Augustins Bemühungen Tiefschürfenderes. Die Gefahr ist jedoch, daß man Eusebs Leistung an der Augustins mißt. Damit würde man sich den Zugang zu Eusebs Konzeption verbauen. Augustin gehört einer späteren Zeit an. Abgesehen davon, daß zwei völlig verschiedene Persönlichkeiten schreiben, liegen ganz andere Umstände vor, aus denen andere Fragestellungen erwachsen.

Von vornherein hatte Euseb die beiden Werke *Praeparatio* und *Demonstratio* als eine Einheit geplant. Er sagt das an zwei Stellen deutlich.[116] Leider ist uns dieses Gesamtwerk aber nicht vollständig erhalten. Zwar sind uns die 15 Bücher der *Praeparatio* überkommen, doch haben sich von der *Demonstratio*, die 20 Bücher umfaßte, nur die ersten 10 Bücher und wenige Fragmente der späteren Bücher erhalten.

Jean Sirinelli[117] charakterisiert das Werk mit den folgenden Worten: »Das Werk Eusebs ist nicht mehr eine Widerlegung im alten Stil, eine einfache Behauptung des Glaubens, eine Verteidigung der Ehrenhaftigkeit, eine Versicherung der staatsbürgerlichen Vorbildlichkeit. Es ist eine christliche Darstellung der Entwicklung des Menschen und der Welt, die durch die Zusammenhänge selbst überzeugen muß. In diesem Sinne ist es die Meinung Eusebs, nach den Zeiten der Apologien die erste große Beweisführung vorzulegen.«[118]

Doch lassen wir Euseb selbst zu Worte kommen: »Einige glaubten, der christliche Glaube sei ohne Vernunft, und die Christen gründeten ihre Meinung auf einem unwissenschaftlichen Glauben und auf einer ungeprüften Übereinstimmung. Sie sagen, niemand könne in einem einleuchtenden Beweisgang den Beleg für die in unseren Verheißungen gegebene Wahrheit erbringen. Sie meinen aber, die Christen kümmerten sich allein um ihren Glauben. Deshalb hießen sie auch Gläubige, nämlich wegen ihres verworrenen und ungeprüften Glaubens.

Aus solchen Gründen halte ich es für notwendig, da ich mir ja die Aufgabe des evangelischen Beweises vorgenommen habe, zur Vorbereitung des ganzen Unternehmens mich vorweg in Kürze mit den Fragen zu beschäftigen, die von den Griechen, den Juden und von jedem, der unseren Glauben einer genaueren Prüfung unterzieht, an uns gestellt werden. Auf diese Weise wird mein Werk Schritt für Schritt zu einer vollständigeren Unterweisung im evangelischen Beweis und zur Erkenntnis der grundlegenderen Lehren gelangen. Wir werden also zuerst die Themen der Vorbereitung abhandeln. Sie sollen als Grundlage und Einführung denjenigen dienen, die gerade von den Heiden zu uns übergetreten sind. Die darauffolgenden Teile werden denjenigen, die dieses verarbeitet haben und zur Aufnahme höherer Dinge fähig sind, die genaue Erkenntnis [Gnosis] der wesentlichen Lehren der geheimnisvollen Heilsordnung, wie sie mit unserem Heiland und Herrn Jesus, dem Gesandten Gottes, verbunden ist, vermitteln.«[119]

Ein Hauptproblem sei die Bestimmung des Standortes der Christen, die nach Herkunft, Denken und Lebensweise Griechen seien, deren Glauben aber zu großen Teilen auf den jüdischen Schriften und Prophetien fuße. Das Christentum stehe zwischen Griechentum und Judentum als »eine neue und wahre Gotteserkenntnis«. Das gelte es darzulegen.[120]

Sirinelli hebt ein zweifaches Anliegen Eusebs hervor: das pädagogische, das sich in der ganzen Anlage des Werkes zeige, und das wissenschaftlich-beweisende, das die Wahl der abzuhandelnden Themen bestimme.[121]

Vier große Teile des Gesamtwerkes kann man unterscheiden:

1. Teil: Darstellung der griechischen Religion. Euseb will erklären, aus welchen Gründen die Christen mit der Religion ihrer Väter brechen mußten. In den Büchern 1

bis 3 der *Praeparatio* zeigt Euseb die Widersinnigkeit der in der Epik und Philosophie vertretenen polytheistischen mythischen Darstellungen der Kosmogonie, der Götterlehre und der allegorischen Auslegung solcher Vorstellungen. In den Büchern 4 bis 6 der *Praeparatio* kritisiert er dann die Göttervorstellungen als Dämonenlehre und führt das Orakelwesen ad absurdum.

2. Teil: Darlegung der alttestamentlichen Glaubensvorstellungen und ihr Vergleich mit den griechischen. Euseb will hier die Überlegenheit des Alten Testaments dartun. Das geschieht in den restlichen neun Büchern der *Praeparatio*. Buch 7 ist der Lehre der Israeliten, Buch 8 den Gesetzen des Mose gewidmet. Im Buch 9 werden griechische Zeugnisse über die Israeliten zusammengestellt. Das 10. Buch enthält als Fazit, daß die alttestamentliche Kultur älter als die griechische sei und daß die Griechen den Israeliten alles verdankten. Das wird dann in den Büchern 11 bis 13 für die Philosophen, vor allem für Platon, belegt. Buch 14 hebt die Widersprüche der griechischen Philosophen untereinander hervor, während Buch 15 der Auseinandersetzung mit Aristoteles und den Stoikern gewidmet ist.

Die Materialien, auf denen Euseb seinen Beweisgang aufbaute, brauchte er sich zu einem guten Teil nicht allein zu erarbeiten. Kritik an den Göttervorstellungen und an dem Orakelwesen gab es bereits von seiten griechischer Philosophen. Und der Gedanke des höheren Alters und damit der Überlegenheit der Kultur und Religion Israels war bereits in der jüdischen Apologetik entwickelt worden. Doch ist es Eusebs Verdienst, alles Material kompakt zusammengestellt und seiner umfassenden Konzeption eingeordnet zu haben. Die *Praeparatio* hat für uns heute noch dadurch ihren ganz besonderen Wert, daß sie viele Zitate und Exzerpte aus griechischen Schriften enthält, die verloren sind, deren einzige Bezeugung sich also in Eusebs Werk findet.[122]

Teil 3: Es wird der Frage nachgegangen, warum die Christen zwar das Alte Testament übernahmen, aber die jüdische Religion ablehnten. Die ersten beiden Bücher der *Demonstratio* führen aus, daß sich das Evangelium an alle Völker wendet und zwar aus innerer Notwendigkeit. Das wurde auch schon durch die Propheten geweissagt.

Teil 4: Darlegung der christlichen Lehre. Die Bücher 3 bis 10 interpretieren die alttestamentlichen Weissagungen auf Jesu Lehre, Geburt, Leben und Tod. Sie behandeln die Göttlichkeit Jesu und die Beziehungen zwischen Gott-Vater und Gott-Sohn. Die Bücher 11 bis 20 sind nicht erhalten, doch läßt sich die Disposition aus *Demonstratio* 1,1 entnehmen. Die Themen waren Jesu Auferstehung, Himmelfahrt, seine Wiederkehr, weiter das Unglück der Juden und der Sieg des Christentums. Die Behandlung dieser Probleme durch Euseb wäre für die Beurteilung von Methode, Leistung und Substanz der Theologie Eusebs sehr aufschlußreich, da er in den verlorenen Büchern ja die zentralen Glaubenssätze des Christentums behandelte. Der Verlust dieser Bücher ist also sehr zu bedauern. Man muß ihn sich aber wohl so erklären, daß die hier dargelegte Auffassung zu stark von der orthodoxen Lehre abwich.

Mit diesem apologetischen Werk verband Euseb einen umfassenden Geschichtsentwurf, der die gesamte Geschichte von der Schöpfung bis zu ihrem Ende umspannte. Im nächsten Kapitel wird diese historische Sicht Eusebs eingehender behandelt.

Verfaßt hat Euseb sein apologetisches Doppelwerk zu einer Zeit, als das Christentum staatliche Anerkennung gefunden hatte. Trotzdem waren die Christen jetzt nicht etwa mit einem Schlage der Notwendigkeit, sich zu verteidigen, enthoben. Die Angriffe des Neuplatonikers Porphyrios, der im Jahr 308 starb, wirkten weiter nach. In Kaisareia gehörte die Auseinandersetzung zwischen den

Religionen schon lange zum Alltag. Man denke nur an die öffentlichen Diskussionen, die Origenes in dieser Stadt geführt hatte. Man war also gut auf solche Auseinandersetzungen präpariert, die weiterhin sehr aktuell blieben.

Die Anlage des Werkes zeigt, daß Euseb zwischen Anfängern und Fortgeschrittenen im Glauben unterschied. Für die einen war die *Praeparatio*, für die anderen die *Demonstratio* gedacht. Daneben aber traf Euseb noch eine weitere Unterscheidung, nämlich zwischen der Masse der Gläubigen, die sich recht und schlecht um ein christliches Leben bemühte, und einer geistlichen Elite, die durch Askese und geistliches Leben dem Ideal des vollkommenen Christentums nachstrebte. »Diese führen den priesterlichen Dienst für sich selbst wie für ihre Glaubensbrüder aus.«[123]

Der Bischof und Theologe

Nach Beendigung der Verfolgung im Osten, also nach dem Jahr 313, wurde Euseb zum Bischof von Kaisareia gewählt. Der genaue Zeitpunkt und die Umstände sind unbekannt. Jedenfalls hielt er im Jahr 315 als Bischof von Kaisareia die Rede bei der Einweihung der Kirche von Tyros.[124]

Er muß in Kaisareia sehr hohes Ansehen genossen haben, wenn er in solch einer anspruchsvollen und durch die Ballung der verschiedenen Religionen komplizierten Stadt an die Spitze der christlichen Gemeinde berufen wurde. Dieses Ansehen resultierte sicher aus seiner Bildung, aus seiner Bedeutung als Gelehrter, aus seinem engen Schülerverhältnis zu dem verehrten Märtyrer Pamphilos. Er muß aber darüber hinaus auch eine eindrucksvolle und überragende Persönlichkeit gewesen sein. Ohne ein korrektes Verhalten in der Verfolgungszeit hätte man ihn wohl kaum zum Bischof erhoben. In Kaisareia konnte nur eine integre Persönlichkeit das Bischofsamt innehaben, zumal der Bischof von Kaisareia zugleich Metropolit von Palästina war. Jerusalem hatte erst durch die Bemühungen Helenas, Kaiser Konstantins Mutter, wieder eine besondere Stellung in der Christenheit erlangt. Das erste ökumenische Konzil zu Nikaia im Jahr 325 regelte jedenfalls das Verhältnis der beiden Städte im 7. Kanon in folgender Weise: »Da die Gewohnheit und alte Tradition besteht, daß der Bischof von Ailia [Jerusalem] Ehre genießt, soll er folglich den Ehrenrang haben, wobei die der Metropolis [also Kaisareia] eigenen Rechte bestehen bleiben sollen« (also Jurisdiktionsgewalt auch über Jerusalem).[125]

In Kapitel 1 ist schon auf die Verleumdung des Potamon hingewiesen worden. Ein ähnlicher Vorwurf gegen Euseb wird anderweitig nicht erhoben. In die Rubrik der Diffamierungen gehört wohl auch die Bemerkung des Bischofs Alexander von Alexandreia, der in einem Brief an den Bischof Alexander von Konstantinopel schrieb: »Ich weiß nicht, auf welche Art die drei Bischöfe in Syrien zu Bischöfen geweiht wurden.«[126] Er meinte damit seine drei theologischen Gegner Euseb von Kaisareia, Paulinos von Tyros und Theodotos von Laodikeia. Es ist ein unfaires Mittel, seine Gegner zu verdächtigen, ohne Konkretes zu sagen, vielleicht ohne überhaupt Genaueres zu wissen, sie also unterschwellig zu diffamieren. Der Vorwurf wurde auch von niemandem in der Folge aufgenommen.

Es wäre ein Fehler, wollte man in Euseb nur den Gelehrten sehen, der sich von der Welt abkapselte und dessen Ideal das Leben in einem Elfenbeinturm war, der sich jedoch auf einmal aus uns unerklärlichen Gründen der kirchlichen Praxis verschrieb und damit eine Entscheidung traf, die weder seinem Wesen noch seiner Auffassung der Welt entsprach. Schon der Schlußsatz des vorhergehenden Abschnitts zeigt, daß nicht die Tätigkeit als Archivar oder Bibliothekar für ihn die höchste Erfüllung bedeutete. Die Vertreter der kirchlichen Ämter, zumal des episkopalen, waren für ihn die Garanten der kirchlichen Tradition und der geistlichen Gaben. Die *Praeparatio evangelica* hat er zum Beispiel einem uns ansonsten nicht bekannten Bischof Theodotos mit den folgenden Worten gewidmet: »Dieses Werk habe ich dir, gottgeweihter Bischof Theodotos, Freund Gottes und heiliges Haupt, mit Gebeten gewidmet, damit ich Hilfe von dir erhielte, Mitwirkung durch deine frommen Opfer für uns bei meinem großen Vorhaben der Darlegung der evangelischen Lehre.«[127] Das ist nicht nur als Rhetorik zu verstehen. Euseb ist der Ansicht, daß die geistlichen Kräfte und Wirkungen des Bischofs auch für ihn als Wissenschaftler von größter Bedeutung sind.

In Eusebs Konzeption der Kirchengeschichtsdarstellung spielen die Träger des Bischofsamtes als Nachfolger der Apostel eine wichtige Rolle. Sie sind nämlich die Garanten der Kontinuität. Von den größeren Bischofssitzen nennt er die Namen der Bischöfe, soweit er sie aus seinen Quellen erschließen kann. Sie bilden das Gerüst seiner Darstellung.[128] Auch andere kirchliche Ämter, wie zum Beispiel das des Presbyters, nennt er immer mit großer Achtung. So hebt er die Presbyterweihe des Origenes in Kaisareia an zwei Stellen seiner Kirchengeschichte als einen entscheidenden Akt hervor.[129] Allerdings handelte es sich in diesem Falle um ein Kirchenpolitikum, weil die Weihe gegen den Willen des alexandrinischen Bischofs erfolgte. Von seinem vielgerühmten Lehrer Pamphilos sagt Euseb, daß er der Presbyterwürde in Kaisareia für wert erachtet wurde.[130] Kirchliche Ämter galten Euseb als Erfüllung. Für ihn bestand keine Spannung zwischen seiner wissenschaftlichen Arbeit und seiner Berufung in der Gemeinde.

Über Eusebs seelsorgerliches Wirken in Kaisareia und Palästina wissen wir kaum etwas. Der Brief, den er von der ersten ökumenischen Synode zu Nikaia im Jahr 325 an seine Gemeinde schrieb, ergibt in dieser Hinsicht nichts, da er ja die Tendenz hat, den theologischen Positionswechsel, den er vollzogen hatte, zu erklären.[131] Er blieb seiner Stadt immer verbunden. Als ihn Kaiser Konstantin um 330 drängte, als Bischof nach Antiocheia zu wechseln, war Euseb klug genug, dieses ehrenvolle Angebot abzulehnen.[132] In Kaisareia hatte er eine feste Position. In Antiocheia wäre er dagegen in aufreibende theologische Machtkämpfe zwischen verschiedenen Gruppierungen hineingezogen worden.

Daß Euseb in für ihn nicht sehr erfreuliche kirchenpolitisch-theologische Auseinandersetzungen verwickelt wurde, war sicher nicht nur durch seine Stellung als Metropolit bedingt, sondern Folge seiner theologischen Orientierung und sicher auch seines gelehrten Rufes; doch war er als Bischof zu rechtlichen Entscheidungen gezwungen und stand im Brennpunkt des Interesses. Man macht ihm gern den Vorwurf, wenig theologischen Sachverstand besessen und sich an vordergründiger Opportunität ausgerichtet zu haben. Daß er mehr zum Ausgleich als zum theologischen Dissens neigte, könnte man jedoch durchaus damit erklären, daß er wie kein anderer zu seiner Zeit in historischen Zusammenhängen dachte und daß sich aus einem solchen weiten Überblick eine andere Wertung der Probleme ergab. Er sah in gewissem Sinne die Chance des historischen Augenblicks zerrinnen. In den nächsten beiden Kapiteln wird diese Grundlage seines Denkens genauer darzulegen sein.

Die Einbeziehung Eusebs in überregionale Auseinandersetzungen begann damit, daß sich der alexandrinische Presbyter Areios an ihn mit der Bitte wandte, er solle zwischen ihm und seinem Bischof Alexander vermitteln.

Euseb kam diesem Antrag nach, ohne auf die theologischen Diskrepanzen einzugehen.[133] Alexander von Alexandreia ruhte aber nicht. Alle, die sich nicht von Areios distanzierten, griff er als dessen Sympathisanten an. Dazu gehörte auch Euseb. In der Forschung ist man sich in der Beurteilung der Synode von Antiocheia, die etwa im Jahr 324 abgehalten wurde, nicht ganz einig.[134] Wahrscheinlich wurde hier Euseb zusammen mit anderen Bischöfen verurteilt.[135] Wenn das stimmt, dann gehörte Euseb mit zu denjenigen, die auf dem ersten ökumenischen Konzil zu Nikaia (325) als Angeklagte erschienen. Aus der Schrift »Über das Leben Konstantins«[136] läßt sich nicht herauslesen, daß er die Synode leitete oder zur Rechten des Kaisers saß. Allerdings erwarb ihm sein ausgleichendes Verhalten auf der Synode die Sympathie des Kaisers.

Auf das ökumenische Konzil folgten Jahre unerfreulicher Auseinandersetzungen mit theologischen Gegnern, die seine Distanzierung von den Arianern auf der Synode nur als ein taktisches Lippenbekenntnis deuteten. Mit der Rückendeckung des Kaisers konnte er seine Gegner nach und nach ausschalten. Schon bald wurde Asklepas von Gaza abgesetzt.[137] Auf einer Synode zu Antiocheia im Jahr 330 oder vielleicht auch schon davor verlor Eustathios von Antiocheia sein Bischofsamt.[138] Sein schwierigster Gegner war Athanasios von Alexandreia. Um die von Euseb geleitete Synode zu Tyros im Jahr 335, die Athanasios absetzte, bleibt vieles im dunkeln.[139] Schließlich wandte sich Eusebs ganze Kraft der Auseinandersetzung mit dem Bischof Markellos von Ankyra zu. Diesen hat man heute als eine zentrale Figur in den christologischen Auseinandersetzungen des 4. Jh. erkannt.[140] »Wie Athanasius in Arius, so hat Eusebius in Marcell den eigentlichen Widersacher und den Zerstörer der kirchlichen Theologie gesehen«, sagt Adolf von Harnack.[141] Euseb polemisierte gegen Ende seines Lebens in zwei Schriften, die nicht zu seinen besten gehören, gegen ihn: *Contra Marcellum* (Gegen Markell) und *De ecclesiastica theologia* (Über die kirchliche Theologie).[142] Solche innerkirchliche Auseinandersetzung betrachtete er als lästig. Sie erschien ihm als unnötig; vielmehr galt es, diese Kräfte auf die Diskussion mit Nichtchristen zu konzentrieren. Insofern hat Gerhard Ruhbach recht, wenn er die apologetische Motivation bei Euseb besonders betont,[143] doch war Euseb mehr als nur ein Apologet. Auf einiges haben wir schon hingewiesen. Andere Züge werden noch deutlich werden.

Als Bischof erwies sich Euseb auch als ein geschickter Kirchenpolitiker, was seinen Ruf jedoch zu stark belastete. Er selbst verstand sich in seiner gesamten Wirksamkeit als ein Theologe. Wir hatten vorhin seine besondere Wertschätzung des Bischofsamtes erwähnt. Es ist aber wohl zu beachten, daß er in seiner Kirchengeschichte neben den Bischöfen auch den wissenschaftlichen Theologen eine tragende Rolle zuweist. Seinen Erfahrungen im arianischen Streit mag es zuzuschreiben sein, daß er am Ende seines Lebens den Kaiser Konstantin über die Bischöfe stellt, wie zum Abschluß dieses Buches gezeigt wird.

Die Wurzeln seiner Theologie waren zum einen biblisch, zum anderen origenistisch-mittelplatonisch; mit den Worten von Alois Grillmeier »befindet sich Eusebius im Bannkreis des Philo, des Origenes und jener Mittelplatoniker, die er vor allem in der PE [*Praeparatio evangelica*] benutzt hat«[144]. In den nächsten beiden Kapiteln werden wir noch Grundzüge seiner Theologie kennenlernen. Wichtig für das Verständnis ist es, daß für ihn der Logos, der Sohn Gottes, Gottvater untergeordnet war und an zweiter Stelle nach diesem stand.[145] Hans-Georg Opitz hebt die Beschränkung auf einfache theologische Formeln und auf Vernunftwahrheiten hervor, die sich platonischen Gedanken anglichen.[146] Die theologische Leistung Eusebs wird in der modernen Forschung gering bewertet, aber aus seiner theologischen Grundhaltung erwuchs doch ein recht eindrucksvolles apologetisches, historisches und kulturtheologisches System. In dieser Form hat es Wirkung gehabt. Zudem war und ist es geeignet, einige grundsätzliche Probleme christlicher Geschichtsbewältigung zu verdeutlichen.

Wenn wir noch einmal kurz Rückschau halten, sehen wir, daß es mannigfaltige Impulse für Eusebs geistige Entwicklung und gelehrte Arbeit gab. Besonders hervorgehoben seien: das kulturelle, geistige, wirtschaftliche und soziale Milieu Kaisareias, die Bildung durch die Schule des Pamphilos, die große Krise der Christenverfolgung, die staatliche Anerkennung des Christentums, die Alleinherrschaft Konstantins I. und der persönliche Kontakt mit diesem Kaiser.

Der Historiker

Eusebs Beiname »Vater der Kirchengeschichtsschreibung« schränkt seine Bedeutung für die christliche Historiographie zu stark auf sein Kirchengeschichtswerk ein. Neben diesem ist aber unbedingt auch seine Chronographie zu nennen. Beide gehörten zu den wirkungskräftigsten Unternehmungen Eusebs. Sie vor allem, zusammen mit der *Praeparatio evangelica* und der *Demonstratio evangelica*, begründeten seinen guten Ruf bis in die Gegenwart. In entscheidender Weise haben sie das christliche Geschichtsbild mitgeprägt. Das gilt namentlich für die Darstellung und Deutung der ersten drei Jahrhunderte der kirchengeschichtlichen Entwicklung. Seine Sicht der Dinge, seine Materialauswahl und -deutung blieb über Jahrhunderte für die Geschichtsschreibung über diesen Zeitabschnitt bestimmend. Keiner seiner Nachfolger unter den Kirchenhistorikern versuchte noch einmal eine eigenständige und von Euseb unabhängige Darstellung der Frühperiode des Christentums. Wem von ihnen wäre denn auch ein noch umfassenderes Quellen- und Archivstudium möglich gewesen? Wenn man sich schon zu den ersten drei Jahrhunderten äußerte, so nur gestützt auf Eusebs Materialien. Seine Darstellung galt als die mustergültige Erfassung dieser Epoche kirchengeschichtlicher Entwicklung. Ein Paradebeispiel ist die im 14. Jh. entstandene Kirchengeschichte des Nikephoros Kallistos Xanthopulos, der in den Büchern 1 bis 7 das ganze Werk des

Euseb exzerpierte und lediglich Ergänzungen aus Apokryphen (außerhalb des biblischen Kanons überlieferten Schriften), Heiligenleben und Chroniken anbrachte.[147]

Auch seine chronologische Erarbeitung der Weltgeschichte war von größter Wirkung. Wenn im griechischen Osten auch neben Eusebs Chronik das Werk seines Vorgängers Sextus Julius Africanus in Geltung blieb, so wurde doch die lateinische Historiographie sehr von der Übersetzung, Bearbeitung und Erweiterung der Chronik des Euseb durch Hieronymus geprägt. Auch im armenischen und syrischen Raum behielt Eusebs chronographische Arbeit Vorbildcharakter.

Bevor wir uns den Eusebschen Geschichtswerken und seinen historiographischen Grundsätzen zuwenden, müssen auf eine Reihe von Fragen Antworten gesucht werden, die uns helfen sollen, Eusebs Leistung richtig zu werten und einzuordnen. Seine Lehrer, Pamphilos unmittelbar und Origenes mittelbar, kamen weder als Anreger noch als Vorbilder für die historiographischen Interessen Eusebs in Frage. Wer wies ihm hier den Weg? Welches waren seine Motivationen? Wo waren seine Vor- und Leitbilder? Ahmte er nach, oder fand er zur Eigenständigkeit? Aus welchen Gründen trägt ein Mann, der um die Wende vom 3. zum 4. Jh. lebte, den Ehrentitel »Vater der Kirchengeschichtsschreibung«? Warum setzte erst mit Sextus Julius Africanus und mit Euseb eine wirklich wissenschaftliche christliche Bemühung um die größeren Zusammenhänge der Weltgeschichte ein? Das ist ein ganzes Bündel komplizierter Fragen, das noch erweitert werden könnte. Der Versuch der Beantwortung führt uns in die Probleme christlicher Geschichtsschreibung hinein.

Euseb und die antike Historiographie

Ein gebildeter Christ zur Zeit Eusebs kannte Werke zweier bedeutender, in Jahrhunderten ausgereifter, in ihrer Entwicklung, Zielstellung und Methode unterschiedlicher Traditionen der Geschichtsschreibung, nämlich der griechisch-römischen und der alttestamentlich-jüdischen Historiographie. Aus den Schriften Eusebs können wir entnehmen, welche historischen Werke er gelesen und benutzt hat.[148] Der Versuch einiger Gelehrter, die Zahl dieser Werke auf ganz wenige einzuschränken und die Mehrzahl der Bezeugungen und Zitate aus diesen abzuleiten,[149] will nicht überzeugen. Eine solche Methode, nämlich die überwiegende Arbeit aus zweiter Hand, paßt nicht zu dem Euseb, wie wir ihn aus seinen übrigen Forschungen kennen. Welche Werke waren ihm nun Vorbild und Modell?

Zunächst zur griechisch-römischen Historiographie: Von den großen, herausragenden und prägenden Werken scheint Euseb nur wenige direkt gelesen zu haben (siehe unten Seite 93). An ihnen jedenfalls hat er seine historiographischen Methoden, Themen, Ziele und den Stil nicht geschult. Nur mittelbar ging von ihnen Wirkung auf ihn aus. Weder Herodot noch Thukydides noch Polybios, weder Sallust noch Livius noch Tacitus – um nur einige der bedeutendsten Namen zu nennen – hat er wohl gelesen.

Trotzdem konnte er einen Ausschnitt aus dem breiten Spektrum historiographischer Möglichkeiten, Methoden und Stile wahrnehmen. Dieses Spektrum müssen wir uns kurz verdeutlichen, um Eusebs Leistung dann richtig einordnen zu können.[150]

Mit Herodot und Thukydides waren die methodischen Prinzipien der griechischen und weithin auch der römischen Geschichtsschreibung festgelegt. War Herodot noch stärker der epischen Tradition verbunden, so präzisierte und begrenzte Thukydides Methode und Thematik durch die Konzentration auf wenige Themen: politische Geschichte, Zeitgeschichte und den griechischen Aspekt. Zudem betonte er die Wirkung der sich gleichbleibenden menschlichen Natur, woraus sich die Möglichkeit einer gewissen Wiederholbarkeit der Vorgänge und folglich der Ableitung von festen Beurteilungskriterien für die historische Entwicklung ergab. In Reden und Taten fand die menschliche Aktivität ihren Ausdruck.

Im 4. Jh. v. u. Z. trat dann vor allem ein neues Formgefühl hinzu: die Stilgesetze der Literatur, der Rhetorik, wurden auch auf die Geschichtsschreibung angewandt. Polybios korrigierte Entartungen: Geschichtsschreibung müsse durch die Aspekte der Wahrheit und des Nutzens für den Leser geprägt sein. Sie müsse auf der Prüfung der Quellen, auf geographischer Erkundung basieren und sich auf das politische Handeln konzentrieren.

Auch für eine Universalhistorie wurden verschiedene Modelle entwickelt.[151] Peter Burde nennt fünf Typen säkularer antiker Universalhistorie: Herodot (5. Jh. v. u. Z.; Geschichte der Auseinandersetzung des persischen Reiches mit der griechischen Welt); Ephoros (4. Jh. v. u. Z.; Entwicklungsgeschichte der römischen Weltherrschaft, also Orientierung nicht an kulturellen Prinzipien, sondern am Flächenstaat, am Raum); Diodor aus Sizilien (1. Jh. v. u. Z.; Geschichte der Kosmopolis, eine griechische Weltgeschichte, die von der mythischen Vorzeit bis zum Jahr 54 v. u. Z. reichte); Pompeius Trogus (Ende 1. Jh. v. u. Z.; Weltgeschichte als eine Abfolge von Weltreichen).[152] Zur kulturgeschichtlichen Prägung der Universalhistorie wären neben Herodot und Ephoros auch Agatharchides, der im 2. Jh. v. u. Z. eine Geschichte Asiens und Europas und eine Beschreibung des Roten Meeres verfaßte, und Alexander Polyhistor (1. Jh. v. u. Z.) zu nennen. Ausgeschlossen hat Burde die alttestamentlich-jüdische Geschichtsschreibung, die ja eine heilsgeschichtliche Schau vertrat, die mit der Weltschöpfung begann und deren Kernpunkt die Verheißung Jahwes an Abraham war.

Waren es bei Herodot, Polybios und Poseidonios doch begrenztere Zeitabschnitte, die behandelt wurden, widmeten sich Ephoros und Diodor schon längeren Zeiträumen. Erst Trogus verfaßte eine echte Weltgeschichte, die umfassende Prinzipien anwendete und die auf die christliche Geschichtsauffassung des Orosius, des Augustinus, des Sulpicius Serverus und auf das westliche Mittelalter einwirkte.[153] Für ihn galt als Grundsatz: »Rom, das Weltreich, ist zugleich Ziel und Ende der Geschichte.«[154] Leider kannte Euseb das Werk des Galliers Trogus nicht, da es lateinisch abgefaßt war. Seine Auseinandersetzung mit diesem genialen heidnischen Entwurf wäre sicher für ihn sehr anregend und für uns sehr interessant gewesen.

Neben solchen historischen Werken gab es gelehrte Sammlungen historiographischen Materials, die weder den Anspruch auf umfassende Schilderung noch auf Geschichtsinterpretation noch auf literarische Eleganz legten. Für unseren Zusammenhang sind besonders die chronologischen Bemühungen interessant. Einige Vertreter sind im folgenden noch genauer zu betrachten.

Außerdem entstand eine Geschichtsschreibung, die Personen in den Mittelpunkt stellte. Es sei nur an die Alexanderbiographen erinnert. Im lateinischen Bereich war es die Kaiserbiographie, deren Ahnherr Sueton ist. Doch blieb die Biographie im griechischen wie im lateinischen Bereich bis in die Spätantike als historiographische Form umstritten und wurde geringer beurteilt als die eigentliche Geschichtsschreibung.

Einige der bislang genannten Historiker gehörten zu

den Quellen Eusebs, so Alexander Polyhistor, Diodor aus Sizilien, daneben Abydenos und Dionysios von Halikarnassos, von den frühen Chronographen besonders Kastor aus Rhodos. Mit einigen Worten sei deren Bedeutung im Rahmen der Historiographie charakterisiert:

Alexander Polyhistor, der von etwa 100 bis nach 40 v. u. Z. lebte, verfaßte viele Schriften geographisch-historischen Inhalts, die hauptsächlich Sammlungen von Exzerpten aus älteren Werken waren. Seine Bedeutung lag vor allem in der Vermittlung orientalischer Geschichte. Man höre zu ihm das Urteil von Eduard Schwartz, einem ausgezeichneten Kenner der antiken Historiographie: »... ohne eine Spur wissenschaftlichen Sinnes, aber mit betriebsamer Geschicklichkeit.«[155] Auch die von Diodor verfaßte Universalgeschichte in 40 Büchern, eine Kompilation älterer Werke, findet vor Schwartz keine Gnade: »... freilich ein besonders tief stehendes Exemplar dieser Bücherfabrikanten der werdenden Welthauptstadt [Rom] ... Kein gebildeter Heide zitiert Diodor jemals ..., erst die Christen waren anspruchslos genug, ihn heranzuziehen.«[156] Dionysios von Halikarnassos, der im Jahr 7 v. u. Z. seine Römische Archäologie, eine Darstellung von der Gründung Roms bis zum ersten Punischen Krieg (265 v. u. Z.), verfaßte, stand unter dem Einfluß der Rhetorik. Für ihn – so Schwartz – sei »der historische Stoff nichts weiter ... als ein Objekt, an welchem diese Kunst [die Rhetorik] gezeigt und dokumentiert wird ...«; » ... daß Dionys von dem, was die antike Historiographie wollte und konnte, auch nicht die ersten Elemente begriffen hat: sie ist ein trauriges Dokument dafür, wie tief die geistige Potenz noch mehr als die Bildung der Griechen gesunken war«; » ... seichter Pragmatismus ... Unfähigkeit zu erzählen«.[157] Das klingt nicht sehr ermunternd. Mögen die Urteile auch überspitzt sein, so sagen sie doch etwas über den Stellenwert dieser Werke im Gesamtzusammenhang der antiken griechisch-römischen Historiographie aus.

Die Chronographie des Kastor aus Rhodos (1. Hälfte des 1. Jh. v. u. Z.) war die Grundlage der späteren Chronographen. Er vermittelte die Ergebnisse der älteren griechischen wissenschaftlichen Chronographie, verwertete aber auch außergriechische Quellen und gliederte zudem den Stoff durch historische Fixpunkte in große Gruppen.

Zu den alttestamentlich-jüdischen historiographischen Modellen: Die Christen zur Zeit Eusebs lasen und hörten das Alte Testament anders als ihre jüdischen Zeitgenossen. Für sie war es vornehmlich auf Christus bezogen und von diesem aus zu deuten. Das galt für die theologischen, die heilsgeschichtlichen, die apologetischen, die erbaulichen Aspekte. Nicht ohne Grund bezog sich Euseb in seinen Schriften vor allem auf die Psalmen und die Propheten, unter diesen Jesaja an erster Stelle. Der historische Stoff wurde den genannten Aspekten eingeordnet. Zur Faszination durch die historiographische Darstellung konnte es beim Leser höchstens in begrenztem Maße kommen. Immerhin konnte der historische Stoff, trotz seiner Unterteilung in einzelne Bibelbücher, als eine fortlaufende Gesamtdarstellung aufgefaßt werden.

Euseb hatte auf zwei Wegen Zugang zur Geschichte Israels, nämlich einerseits durch die Schriften des Alten Testaments, andererseits durch die *Antiquitates* (Jüdischen Altertümer) des jüdischen Historikers Josephos (37/38 bis Anfang 2. Jh. u. Z.).

Das Alte Testament bot Euseb zwei Erzählstränge, zum einen die Bücher Genesis (1. Buch Mose) bis 2. Könige, zum anderen die beiden Bücher des Chronisten sowie Esra und Nehemia.[158] Die Charakteristika und Feinheiten der hebräischen Prosa, die historiographischen Stileigenheiten konnte ein Grieche kaum erfassen und auf keinen Fall wirklich würdigen, zumal der Grieche den Text nur in der griechischen Übersetzung las. Solche Übersetzungen konnten keinen rechten Eindruck des hebräischen Stiles vermitteln, abgesehen von den vielen inhaltlichen Übersetzungsfehlern und Sinnumdeutungen. Eusebs philologische Schulung wird auch hier sichtbar. In seiner Chronographie stellt er mehrfach die Texte der Septuaginta (der griechischen Übersetzung), der hebräischen und der samaritanischen Bibel nebeneinander, vergleicht sie und kommt dabei zum Beispiel an einer Stelle zu folgendem Ergebnis: »Verschieden ist sie [die Lesung der hebräischen Bibel] von der Siebziger Verdolmetschung um 586 Jahre.« Er kennt dann im einzelnen die Abweichungen und Übereinstimmungen und schließt aus diesen, daß die Lesart des hebräischen Textes besser sei.[159] Trotz solcher philologischer Interessen und Fähigkeiten war auch er – wie seine Bibelkommentare zeigen – nicht fähig, die hebräische Prosa zu würdigen. Zudem verbaute ihm ja die Lehre vom doppelten Schriftsinn noch zusätzlich den unbefangenen Zugang.

Wichtig und auf Euseb sicher nicht ohne Einfluß waren einige inhaltliche und methodische Charakteristika der hebräischen Historiographie. Ich hebe hier nur einige heraus. Da ist die theologische Deutung der Geschichte und als ihr Kriterium die Identitätssuche des Volkes. Ins Auge fallen weiter der stark biographische Charakter und die Hervorhebung spezifischer Szenen und Anekdoten. Die Prosa wird einerseits von Gedichten, andererseits von Urkunden und Briefen im Wortlaut unterbrochen. Nur am Rande sei vermerkt, daß man heute in der Forschung nicht nur die Unterschiede zur griechischen Geschichtsschreibung betont, sondern auch die Übereinstimmungen im Geschichtsdenken, historiographischen Stil und Methode erkennt.[160]

Über die Septuaginta kannte Euseb auch die ersten beiden Makkabäerbücher, die schon sehr unter dem Einfluß der griechischen Historiographie standen. Das gilt besonders vom 2. Makkabäerbuch, das die Kurzfassung eines umfassenden griechischen Werkes war.

Bedeutsam für die Entwicklung der christlichen Historiographie waren zudem noch einige nichthistorische Schriften des Alten Testaments. Da ist einmal die Geschichtssicht der Propheten zu nennen, die die Zukunft als Maßstab der Gegenwart auffaßten und damit zu einer sehr kritischen Analyse der Zeitgeschichte kamen. Die Christen deuteten ihre Aussagen von der Person und der Lehre Jesu Christi her. Diese Geschichtsdeutung blieb auch auf Euseb nicht ohne Wirkung. Die Apokalyptik dagegen, die die Zukunft von der Gegenwart aus interpretierte, war für Euseb nicht Stimulus, sondern Objekt der Auseinandersetzung. Ihre Grundzüge beeinflußten die christliche Geschichtsauffassung sehr. Vor allem das Buch Daniel hatte große Wirkung. Drei Aspekte dieser Deutung der historischen Entwicklung sind hier besonders zu betonen: die Vorstellung, daß sich alles nach dem ewigen Plan Gottes entwickelt; eine religiöse Universalhistorie; Weltreichs- und Zeitalterspekulationen als Gliederungsprinzipien.

Josephos (37/38 u. Z. bis Anfang 2. Jh.), der am Ende der jüdischen Historiographie steht, hatte zwei große Geschichtswerke verfaßt, die Jüdischen Altertümer, mit der Schöpfung beginnend und bis 73 u. Z. reichend, und den Jüdischen Krieg. Beide wendeten sich nach außen, an die Griechen, hatten also eine apologetische Zielrichtung. Er verarbeitete die charakterisierten beiden Linien der hellenistischen und der alttestamentlichen Historiographie zu einer Einheit. Sein Vorbild unter den griechischen Geschichtsschreibern war vor allem der schon erwähnte Dionysios von Halikarnassos. Sosehr er sich aber auch Methode und Prinzipien der griechischen Geschichtsschreibung zu eigen machte, so sehr wußte er doch um die

Eigenständigkeit der Tradition, aus der er stammte, und legte kritisch den Finger auf Mängel der griechischen Historiographie. Lassen wir ihn selbst zu Worte kommen. »Gleichwohl hätte ich berechtigten Anlaß, an den griechischen Gelehrten Kritik zu üben. Zu ihren Lebzeiten haben sich Vorgänge abgespielt, die die Kriege vergangener Zeiten weit in den Schatten stellen, dennoch spielen sie sich unter Kränkungen gegen diejenigen als Kritiker auf, denen sie an Beredsamkeit überlegen sein mögen, an sachlichem Streben aber nachstehen. Sie selbst aber beschreiben die Taten der Assyrer und Meder, wie wenn sie von den alten Schriftstellern weniger gut übermittelt worden wären ... Trotzdem stehen sie jenen an Kraft der Darstellung ebenso nach wie an sachlicher Einsicht. Denn jeder von ihnen bemüht sich, das Geschehen seiner Zeit zu beschreiben, wobei eben die Anwesenheit bei den Ereignissen die Mitteilung anschaulich machte und die Verfälschung unter Wissenden Schande einbrachte. In der Tat, dem Gedächtnis das vorher noch nicht Erzählte zu übergeben und die Geschehnisse der eigenen Zeit darzustellen, ist des Lobes und der Anerkennung wert; fleißig kann nicht der genannt werden, der eine fremde Planung und Ordnung umarbeitet, sondern nur der, der Neues zu bieten hat und auch eine charakteristische Gestalt der Erzählung liefert.« Die Griechen seien bei Wirtschafts- und Rechtsgeschäften sehr beredt. »Geht es jedoch um Geschichtsschreibung, bei der man die Wahrheit sagen und mit viel Mühsal die Tatsachen zusammensuchen muß, so verstummen sie und überlassen es Schwächeren und unzureichend Orientierten, die Taten der Feldherren zu beschreiben. So stehe denn bei uns die echte Geschichte in Ehren, da sie bei den Griechen vernachlässigt wird.«[161] Sicher, die Urteile sind überzogen, und Wahrheit, Genauigkeit, Augenzeugenschaft, strenge Prüfung gehörten zu den Prinzipien griechischer Geschichtsschreibung;

doch will sich Josephos von der zeitgenössischen griechischen Historiographie abheben, und er bringt auch neue Aspekte zum Ausdruck.

Es war vor allem die Vorherrschaft der Rhetorik, gegen die er sich wandte, wenn er ihre Notwendigkeit auch in vernünftigen Maßen anerkannte: »Ich darf nun am Schluß meiner Geschichte wohl zuversichtlich behaupten, daß selbst beim besten Willen kein anderer, sei er Jude oder Ausländer, den Inhalt dieses Werkes so getreu in griechischer Sprache wiederzugeben imstande gewesen wäre. Denn wie meine Landsleute mir das Zeugnis geben können, daß ich mich in den Wissenschaften meines Vaterlandes besonders hervorgetan habe, so habe ich mich auch mit der griechischen Sprache eingehend befaßt und ihre grammatischen Regeln gründlich erlernt, wiewohl das geläufige Sprechen derselben mir durch die Sitte meiner Heimat unmöglich gemacht wird. Bei uns sind nämlich diejenigen nicht besonders angesehen, die in vielen Sprachen bewandert sind und auf Schönheit im Ausdruck Wert legen, da diese Kunst als Gemeingut nicht nur der Freien, sondern auch der Sklaven gilt ... Vielmehr genießen nur diejenigen bei uns den Ruf von Weisen, die eine gründliche Kenntnis des Gesetzes verraten und die Bedeutung der heiligen Bücher nach Wort und Inhalt zu erklären vermögen.«[162]

Aus den griechischen und alttestamentlich-jüdischen Geschichtswerken, die Euseb bekannt waren, konnte er also eine Fülle von Material und von recht konträren methodischen und stilistischen Prinzipien entnehmen; er war gezwungen, sich selbst einen Weg zu bahnen.

Entwicklung christlicher Geschichtsdeutung und -darstellung vor Euseb

Euseb war natürlich auch von christlicher Geschichtsschreibung und -interpretation beeinflußt. Damit wird sein Anspruch, der erste Kirchenhistoriker zu sein, nicht in Frage gestellt. In der Einleitung seiner Kirchengeschichte schreibt er: »Wir sind nämlich die ersten, die sich an dieses Thema gewagt haben und gewissermaßen einen öden und unbegangenen Weg zu schreiten suchen ... Von Menschen, die denselben Weg wie wir gegangen sind, können wir keineswegs zutage liegende Spuren finden, abgesehen von nur geringen, ungenauen Angaben, in welchen der eine auf diese, der andere auf jene Weise Bruchstücke von Berichten über selbsterlebte Zeiten uns hinterlassen hat. Ihre Stimmen erheben sie wie ferne Feuerzeichen; irgendwo aus der Vorzeit rufen sie wie von ferner Warte uns zu und geben uns Weisung, wie wir zu gehen und den Gang der Erzählung sicher und gefahrlos zu lenken haben. Was uns aus ihren verstreuten Erwähnungen für den vorliegenden Zweck brauchbar schien, haben wir gesammelt und die wertvollen Mitteilungen dieser alten Schriftsteller wie Blumen auf geistigen Auen gepflückt, um zu versuchen, in historischer Darstellung ein Ganzes zu bieten ... Mich dieser Arbeit zu unterziehen, erachte ich für dringend notwendig, da ich bisher noch keinen kirchlichen Schriftsteller kennengelernt habe, der auf diesem Gebiete seinen schriftstellerischen Eifer bestätigt hätte.«[163]

Für die Christen war das geschichtliche Bewußtsein dadurch bestimmt, daß Jesus eine historische Erscheinung war. Eine christliche Geschichtsschreibung hat sich jedoch nur sehr langsam entwickelt. Erst aus dem letzten Drittel des 1. Jh. liegen uns in Gestalt der Evangelien

Bemühungen vor, das Leben Jesu verkündigend darzustellen. Dabei ist die Beurteilung ihres historiographischen Charakters in der Forschung umstritten. Neuerdings wird jedoch nicht nur für Lukas die Abhängigkeit von griechischen historiographischen Grundsätzen, sondern auch für Markus der Einfluß von Elementen der hellenistischen Biographie erkannt.[164]

Die erste historisch-kritische Darstellung des Lebens Jesu ist aber erst Euseb zu verdanken.[165]

Das Doppelwerk des Lukas, Evangelium und Apostelgeschichte, nimmt eine eigentümliche Zwischenstellung zwischen Erbauung und antiker historiographischer Tradition ein. Dieser entspricht es, daß beide Schriften Einleitungen haben, die über Zielstellung und Methode etwas aussagen. Es wird ein Stil verwendet, der dem gebildeten Leser angemessen war. In den Text sind umfangreiche Redekompositionen eingefügt. Große Passagen sind im Wir-Stil abgefaßt und entsprechen damit der antiken Forderung nach Augenzeugenberichten. Das Interesse an der Einordnung des Erzählten in die allgemeinen historischen Zusammenhänge ist vorhanden. Auch vom antiken Roman ist Lukas beeinflußt, wie der große Bericht über den Schiffbruch des Paulus (Apostelgeschichte 27 u. 28) zeigt. Auf der anderen Seite kann man ihm das theologische Interesse nicht absprechen. Er wollte »das Typische darstellen und erhellen. Und die Richtung auf das Typische und auf das Bedeutsame läßt auch den Verfasser der Apostelgeschichte das wirklich Gewesene zu einem Teil auslassen, verändern oder verallgemeinern.«[166] Die ideale Entwicklung wird beschrieben. Die erbaulichen Erfordernisse bewirkten, daß er »den Lesern die Geschichte in Geschichten darbieten« mußte.[167] Zudem ist der apologetische Charakter nicht zu übersehen.[168] Das wich von den Prinzipien der antiken griechischen Geschichtsschreibung ab. So ist hier zum erstenmal etwas eigenständig Christliches in der Historiographie versucht worden.

Die Apostelgeschichte des Lukas blieb jedoch etwas Einmaliges und fand keine Nachfolger; denn die späteren Apostelgeschichten hatten nur die Erbauung und darüber hinaus die Unterhaltung der Leser im Sinn.[169] Prägend wirkte aber doch die Vorstellung einer planmäßigen und störungsfreien Entwicklung des Urchristentums. Auch Euseb hat sie, wie wir noch sehen werden, in seine Kirchengeschichte übernommen, wo er ausgiebig die Apostelgeschichte des Lukas zitiert.

Die traditionelle Historiographie, die sich dem profanen Bereich widmete, überließen die Christen den Heiden.[170] Eine eigene christliche Historiographie, die die Weltgeschichte unter christlichen Aspekten darstellte, beurteilte und deutete, entwickelte sich erst in einem sehr langen Prozeß. Der Anstoß dazu kam aus zwei Richtungen. Da war zum einen die bittere Erfahrung, daß das nah erhoffte und geglaubte Ende der Welt, die Ankunft des erhöhten Christus zum Gericht, nicht eintrat. Der Wunsch sowohl nach einer Erklärung der Verzögerung wie nach der Berechnung des Endes der Geschichte kam auf. Dazu mußte man sich auch über den Anfang der Geschichte und die Zäsuren ihres Ablaufes Klarheit verschaffen. Da war zum anderen die Notwendigkeit, sich gegen Angriffe von Christengegnern zu verteidigen, also von Juden, Heiden oder Häretikern. Deren Argumente waren zum Teil aus der Geschichte genommen. So war man gezwungen, sie mit historischer Argumentation zu widerlegen. Dieser apologetische Charakter christlicher Beschäftigung mit der Geschichte spielte auch bei Euseb eine Rolle und ist von Gerhard Ruhbach sehr herausgearbeitet worden.[171] Er war allerdings nicht die einzige Motivation für die historiographische Arbeit Eusebs, wie wir hier zu zeigen versuchen.

Bei beiden genannten Anstößen konnte man auf Materialien und Methoden zurückgreifen, die bereits im orientalischen, jüdischen und hellenistischen Bereich ihre Ausformung gefunden hatten. Man änderte und verfeinerte sie entsprechend den eigenen Zielstellungen. Beides führte zu einer heilsgeschichtlichen Systematisierung der ganzen Geschichte, die einen Anfang und ein Ziel hatte, und zu einem Interesse am historischen Stoff, den man für den Beweis brauchte.

Einige dieser Elemente und Faktoren, die zu einer christlichen Geschichtsdeutung und zur Sammlung von historischem Material führten, sollen an Beispielen nähere Erläuterung finden; da sie teils auf Euseb einwirkten, teils veranlaßten sie ihn zu Ablehnung und Gegenbeweis. Wir werden sehen, daß leider nicht alle zu nennenden Werke in wünschenswertem Umfang erhalten sind. Manches mag auch verlorengegangen sein, ohne daß uns irgendeine Kunde davon erreichte. Bei allen vorzuführenden Ansätzen aber werden wir in der Meinung bestätigt, daß Euseb mit Recht den Anspruch erheben konnte, der erste Kirchenhistoriker zu sein, und daß er auch mit zu den Begründern christlicher Chronographie gehört.

Von einem der ältesten und jedenfalls bedeutendsten christlichen Apologeten des 2. Jh., von Justin, dem Philosophen und Märtyrer (gest. um 165), wird der heilsgeschichtliche Prozeß in vier Abschnitte eingeteilt: die Zeit vor dem Gesetz des Mose, die Zeit nach dem Gesetz des Mose, die Geburt Christi als Hauptzäsur und schließlich die Parusie, die Ankunft des erhöhten Christus.[172]

Dieser Gedanke ist ausgeführt und erweitert worden von dem bedeutendsten Theologen des 2. Jh., von dem Kleinasiaten Eirenaios, der nach 178 Bischof von Lyon wurde. Auch hier spielen diese heilsgeschichtlichen Konstruktionen nur eine Nebenrolle in seinem großen Werk »Gegen die Häresien«. So wie die Lebewesen eine vierfache Form haben, so auch das Evangelium und so auch der Plan Gottes. Es sind die Etappen vor Mose, nach Mose, die Menschwerdung Christi und das Ziel der Geschichte. Aus diesem Grunde habe das menschliche Geschlecht vier Bundesschlüsse von Gott erhalten: den ersten unter Adam vor der Sintflut, den zweiten nach der Sintflut unter Noah, den dritten mit der Gesetzgebung unter Mose. Der vierte aber erneuere die Menschen durch das Evangelium und hebe sie zum himmlischen Reich empor.[173] An anderer Stelle erwähnt er ganz kurz drei Epochen der Entwicklung: die prophetische durch den Geist, die Offenbarung durch den Sohn, die Schau Gottes des Vaters im Himmelreich.[174]

Den jüdisch-christlichen Altersbeweis, die Behauptung der Priorität, haben schon die Apologeten verwendet. Wir finden ihn mehrfach bei Justin, doch nur als Behauptung, ohne Beweis: »Denn Mose ist älter als alle Schriftsteller unter den Griechen.«[175] Theophilos, der kurz nach 180 schrieb, füllte das mit mehr Material. Mit Angaben zur Entwicklung belegt er, daß Mose und sein Volk 900 oder 1000 Jahre älter seien als der Trojanische Krieg. Die folgende Entwicklung wird dann kurz skizziert. Dabei beruft er sich auf phoinikische und ägyptische Zeugnisse, auf die *Aigyptiaka* des Manethon (3. Jh. v. u. Z.), auf Menander aus Ephesos, auf den Jüdischen Krieg des Josephos. Die Schriften des Mose seien älter als alle solche Quellen. Chronologische Berechnungen von Adam an dienen ihm als Grundlage für die Behauptung, daß die alttestamentlichen Schriften älter und damit auch wahrer als die Werke der Griechen und Ägypter seien. Das gelte auch für Historiker wie Herodot, Thukydides und Xenophon.[176] »Alt« im Sinne von »wahr« war ein Grundprinzip der jüdischen wie christlichen Apologetik.

Ähnliches begegnet uns auch in der Apologie des Tatian, des Schülers Justins. Eine schon wissenschaftliche

Form fand solche chronologische Bemühung bei Klemens von Alexandreia (gest. vor 215). In seinem umfangreichen Werk *Stromateis* (Teppiche) widmete er ein ganzes Kapitel der Chronologie der alten Welt. Hier berief er sich mit genauen Angaben auf seine antiken Quellen. Sein erster Beweisgang aus nichtbiblischen antiken Quellen führte ihn zu dem Ergebnis, daß Mose nicht nur älter als die griechischen Weisen und Richter, sondern auch als die Mehrzahl ihrer Götter sei. Es ist hier nicht unsere Aufgabe, diesen Beweisgang und seine Behandlung der Quellen kritisch zu durchleuchten. Es geht uns nur um die Charakterisierung von Art und Methode der voreusebianischen christlichen Geschichtsdeutung. Klemens prüfte dann die Chronologie der hebräischen Richter und Könige und verglich sie mit der ältesten griechischen Geschichte: Homer und Hesiod seien noch jünger als der Prophet Elisa. Zur Geschichte Israels präzisierte Klemens Daten: Von der Geburt des Mose bis zur Babylonischen Gefangenschaft seien es 972 Jahre, nach seiner genauen Rechnung aber 1085 Jahre, 6 Monate und 10 Tage gewesen. Nach einer Vorführung der Ergebnisse orientalischer und griechischer chronologischer Bemühungen kam Klemens zu einer großen Zusammenfassung der verschiedenen Chronologien bis in seine eigene Zeit. Schließlich trug er die ihm bekannten Zeugnisse über das Datum der Geburt Jesu zusammen. Fazit: Die Griechen haben ihre Weisheit der griechischen Übersetzung des Alten Testaments, der sog. Septuaginta, entnommen, und Platon sei von Mose abhängig. Beide Argumente stammten bereits aus der jüdischen Apologetik.[177]

Die Quellen, die Klemens verwendete, sind teils schon unter denen des Euseb genannt worden, gehen teils über diese hinaus. Es sind der Apologet Tatian (2. Jh.), der Gnostiker Julios Kassianos (um 170 in Ägypten), von dem uns nichts erhalten ist, die Historiker Dionysios von Halikarnassos (1. Jh. v. u. Z.), Demetrios (Ende 3. Jh. v. u. Z.), Eupolemos (Mitte 2. Jh. v. u. Z.) und Eratosthenes (3. Jh. v. u. Z.), die Chronographen Pseudo-Apollodoros (1. Jh. u. Z.), Kastor von Rhodos (1. Hälfte 1. Jh. v. u. Z.) und Thallos (1. Jh. u. Z).

Leider sind uns von den *Hypomnemata* (Erinnerungen) des Hegesipp nur wenige Zitate bei anderen Schriftstellern erhalten. Um 180 schrieb er, der aus dem Osten stammte und in Rom gewesen war, dieses Werk, das wohl die früheste Sammlung kirchengeschichtlichen Materials war, wenn man es auch noch nicht als Kirchengeschichte bezeichnen kann. Euseb zitiert in seiner Kirchengeschichte mehrfach daraus. Er nennt Hegesipp einen der ersten Nachfolger der Apostel. »In den fünf Büchern, in welchen er die unverfälschte Überlieferung der apostolischen Lehre in einfachster Form wiedergab, bezeichnet er die Zeit seines Wirkens.« »Er erwähnt einige Stellen aus dem Hebräerevangelium, aus dem Syrischen und aus dem Hebräischen, wodurch er zu erkennen gibt, daß er vom Judentum zum Glauben übergetreten ist. Auch gibt er Berichte aus der ungeschriebenen jüdischen Tradition.«[178] Der Verlust dieses Werkes ist sehr bedauerlich.

Bei Hegesipp findet sich die schon aus der Apostelgeschichte des Lukas bekannte, doch von ihm konkretisierte Meinung, die Kirche sei ursprünglich in der Lehre eines Sinnes gewesen. Erst in der nachapostolischen Zeit seien dann die Irrlehrer aufgetreten. Diese Auffassung hat die Deutung der frühesten Kirchengeschichte in der späteren christlichen Historiographie geprägt. Die Sache ist so wichtig, daß Euseb noch einmal zu Worte kommen soll: »In seinem Berichte über die erwähnten Zeiten fügt Hegesippus jener Erzählung noch bei, daß die Kirche bis dahin eine reine, unbefleckte Jungfrau geblieben sei; denn die, welche die gesunde Lehre der Heilspredigt zu untergraben suchten, hielten sich damals, wenn es schon solche gab, wohl noch in Finsternis versteckt und verborgen. Als der heilige Chor der Apostel auf verschiedene Weise sein Ende gefunden hatte und jenes Geschlecht, welches gewürdigt worden war, mit eigenen Ohren der göttlichen Weisheit zu lauschen, abgetreten war, erhob sich zum ersten Male der gottlose Irrtum durch den Trug der Irrlehrer. Diese wagten nun, da keiner der Apostel mehr am Leben war, mit frecher Stirne der Lehre der Wahrheit eine falsche sogenannte Gnosis entgegenzusetzen.«[179]

Euseb überliefert auch selbst einen Textabschnitt aus dem Werk des Hegesipp, der die Art dieser Argumentation sehr deutlich werden läßt: »Nachdem Jakobus der Gerechte aus gleichen Gründen wie der Herr den Martertod erlitten hatte, wurde Symeon, der Sohn des Klopas, eines Onkels des Herrn, zum Bischof ernannt. Alle hatten ihn als zweiten Bischof vorgeschlagen, weil er ein Vetter des Herrn war. Da die Kirche noch nicht durch eitle Lehren befleckt war, wurde sie als Jungfrau bezeichnet. Thebutis machte, da er nicht Bischof geworden war, den Anfang damit, sie zu beschmutzen. Er gehörte den sieben Sekten im Volke an. Zu diesen zählte Simon, der Stifter der Simonianer, Kleobius, der Stifter der Kleobianer, Dositheus, der Stifter der Dosithianer, Gorthäus, der Stifter der Gorathener und Masbotheer. Aus diesen gingen hervor die Menandrianisten, Marcianisten, Karpokratianer, Valentinianer, Basilidianer und Satornilianer, von welchen jede Richtung eine von den anderen abweichende Lehre eingeführt hat. Ihnen entstammen die falschen Christusse, die falschen Propheten und die falschen Apostel, welche die Einheit der Kirche durch verderbliche Lehren über Gott und seinen Gesalbten zerstört haben.«[180]

Eine große Rolle für die christliche Geschichtsdeutung spielten die jüdischen Gliederungssysteme der weltgeschichtlichen Entwicklung. Mit ihrer Hilfe glaubte man, das Ende der Geschichte berechnen zu können. Hier ist das System der 70 Jahrwochen, die Weltreichetypologie und die Schöpfungswochentypologie zu nennen.[181] Die zuletzt genannte Vorstellung fußte auf der Aussage von 1. Mose 2, 2f., daß der Schöpfer am siebenten Tag ruhte, und auf Psalm 89,4 (Septuaginta), wo es heißt, daß tausend Jahre vor Gott wie ein Tag sind, was im 2. Petrusbrief 3,8 aufgenommen wurde. Vom Barnabasbrief 15, 3–8 wurde dies dann im Sinne einer 6000jährigen Schöpfungszeit und eines tausendjährigen Weltsabbat, dem ein neuer Kosmos folge, verstanden.[182] Diese Typologie wurde in der weiteren christlichen Geschichtsperiodisierung mehr und mehr beherrschend.

Die Vorstellung eines tausendjährigen Friedensreiches (Chiliasmus) fand ihre Bestätigung in der Offenbarung des Johannes 20, 1–6: »Und ich sah einen Engel vom Himmel herabfahren, der hatte den Schlüssel zum Abgrund und eine große Kette in seiner Hand. Und er ergriff den Drachen, die alte Schlange, das ist der Teufel und der Satan, und fesselte ihn für tausend Jahre, und warf ihn in den Abgrund und verschloß ihn und setzte ein Siegel oben darauf, damit er die Völker nicht mehr verführen sollte, bis vollendet würden die tausend Jahre. Danach muß er losgelassen werden eine kleine Zeit. Und ich sah Throne, und sie setzten sich darauf, und ihnen wurde das Gericht übergeben. Und ich sah die Seelen derer, die enthauptet waren um des Zeugnisses von Jesus und um des Wortes Gottes willen, und die nicht angebetet hatten das Tier und sein Bild und die sein Zeichen nicht angenommen hatten an ihre Stirn und auf ihre Hand; diese wurden lebendig und regierten mit Christus tausend Jahre. Die andern Toten aber wurden nicht wieder lebendig, bis die tausend Jahre vollendet wurden. Dies ist die erste Auferstehung. Selig ist der und heilig, der teilhat an der ersten Auferstehung.

Über diese hat der zweite Tod keine Macht; sondern sie werden Priester Gottes und Christi sein und mit ihm regieren tausend Jahre« (Text nach der Lutherbibel).[183]

In solchem Rahmen gab es verschiedene Berechnungen von Jesu Tod und Geburt. Beherrschend wurde zunehmend die Festlegung der Geburt Christi auf die Mitte des 6. Jahrtausends seit der Schöpfung. So glaubte man, bis zum Beginn des tausendjährigen Reiches, das dem Ende der Geschichte vorangehen würde, von Christi Geburt an 500 Jahre Zeit zu haben.[184]

Die Jahrwochen- und die Weltreichetypologien fußten auf Daniel. Wieder muß erst der Bibeltext zitiert werden: »Siebzig Wochen sind verhängt über dein Volk und über deine heilige Stadt; dann wird dem Frevel ein Ende gemacht und die Sünde abgetan und die Schuld gesühnt, und es wird ewige Gerechtigkeit gebracht ... Von der Zeit an, als das Wort erging, Jerusalem werde wiederaufgebaut werden, bis ein Gesalbter, ein Fürst, kommt, sind es sieben Wochen; und zweiundsechzig Wochen lang wird es wieder aufgebaut sein ... Und nach den zweiundsechzig Wochen wird ein Gesalbter ausgerottet werden und nicht mehr sein. Und das Volk eines Fürsten wird kommen und die Stadt und das Heiligtum zerstören ... Er wird aber vielen den Bund schwer machen eine Woche lang. Und in der Mitte der Woche wird er Schlachtopfer und Speisopfer abschaffen. Und im Heiligtum wird stehen ein Greuelbild, das Verwüstung anrichtet ...« (Daniel 9,24–27).

Diesen Text kommentierte Hippolyt (um 215) in folgender Weise: Der Gesalbte von Daniel 9,25 sei Josua, der Sohn des Jozadak (Esra 3,8; 5,2). Bis zu ihm seien 7 Jahrwochen = 49 Jahre vergangen. Nach der Rückkehr aus der Babylonischen Gefangenschaft vergingen 62 Jahrwochen = 434 Jahre bis zur Geburt Jesu. Dieser Zeitraum werde auch dadurch als richtig erwiesen, daß laut 2. Mose

12,41 (= Galaterbrief 3,17) ein Zeitraum von 434 Jahren bis zur Gesetzgebung des Mose vergangen sei, eine notwendige Zeit für die Erprobung des Volkes. Nach Christi Geburt bliebe laut Daniel 9,27 eine Jahrwoche, die 70. nach der 70-Wochen-Theorie. In ihr werden Elias und Henoch kommen und in ihrer Mitte werde der Antichrist auftreten.[185] Rechnete Hippolyt also bis zur Geburt Jesu nach der 70-Wochen-Theorie, so nahm er für die Endzeitberechnung die Schöpfungswochentheorie, für die ein Schöpfungstag = 1000 Jahre rechnete. Christus sei in der Mitte des 6. Schöpfungstages geboren; also stünden noch 500 Jahre bis zum Weltsabbat, dem tausendjährigen irdischen Messiasreich, aus.[186]

In der Interpretation der Weltreichetypologie bezog sich Hippolyt in seinem Kommentar auf Daniel 2,31–35 und 7,2–14. Wir zitieren hier nur Daniel 2,32f., wo ein Traum beschrieben wird: »Das Haupt dieses Bildes war von feinem Gold, seine Brust und seine Arme waren von Silber, sein Bauch und seine Lenden waren von Kupfer, seine Schenkel waren von Eisen, seine Füße waren teils von Eisen und teils von Ton.« Auch der andere Text beschreibt einen Traum, von dem hier nur Daniel 7, 3–7 zitiert sei: »Und vier große Tiere stiegen herauf aus dem Meer, ein jedes anders als das andere. Das erste war wie ein Löwe und hatte Flügel wie ein Adler. Ich sah, wie ihm die Flügel genommen wurden. Und es wurde von der Erde aufgehoben und auf zwei Füße gestellt wie ein Mensch, und es wurde ihm ein menschliches Herz gegeben. Und siehe, ein anderes Tier, das zweite, war gleich einem Bären und war auf der einen Seite aufgerichtet und hatte in seinem Maul zwischen seinen Zähnen drei Rippen. Und man sprach zu ihm: Steh auf und friß viel Fleisch! Danach sah ich, und siehe, ein anderes Tier, gleich einem Panther, das hatte vier Flügel wie ein Vogel auf seinem Rücken, und das Tier hatte vier Köpfe, und ihm wurde große Macht gegeben. Danach sah ich in diesem Gesicht in der Nacht, und siehe, ein viertes Tier war furchtbar und schrecklich und sehr stark und hatte große eiserne Zähne, fraß um sich und zermalmte, und was übrigblieb, zertrat es mit seinen Füßen. Es war auch ganz anders als die vorigen Tiere und hatte zehn Hörner.«

In seinem Danielkommentar und in der Schrift »Über den Antichrist« setzte sich Hippolyt damit auseinander.[187] Wir fassen hier beide Aussagen zusammen: Das erste Tier oder das Gold der Bildsäule ist das Babylonische Reich. Das zweite Tier (Silber) sind die Perser. Die Rippen sind die drei Völker der Perser, der Meder und der Babylonier. Sie herrschten 230 oder 245 Jahre. Das dritte Tier (Erz) sind die Griechen. Die vier Köpfe bedeuten die vier Diadochenreiche nach dem Tode Alexanders des Großen. Sie herrschten 300 Jahre. Das vierte Tier sind die Römer (Eisen). Seine 10 Hörner sind 10 Kaiser. Die drei herausgerissenen Hörner sind die Könige von Ägypten, Libyen und Äthiopien. Rom bringt Bedrängnis und Verfolgung über die Heiligen. Das kleine Horn endlich ist der Antichrist, unter dem die ganze Welt zum Ende kommt. Da alle Weissagungen über die ersten vier Tiere zugetroffen seien, müsse man auch mit der Erfüllung des letzten Punktes rechnen. Die Frage jedoch, wann dieses geschehen werde, stellten nur ungläubige Menschen. Es gelte vielmehr, um das Zukünftige zwar zu wissen, aber zu schweigen und nicht viel darüber zu reden. Soweit Hippolyt.

Von einem solchen Geschichtsbild, das einen Schlüssel zum Verständnis der gesamten Weltgeschichte zu bieten schien, ging eine starke Faszination aus. Die Polemik dagegen, von der wir noch etwas kennenlernen werden, zeigt, wie weit verbreitet, aber auch wie gefährlich und irreführend solche Geschichtsdeutung war. Denn es gab hier kein Geheimnis der Geschichte mehr. Auch Hippolyt warnte ja vor einem Überschreiten der dem menschlichen Wissen gesetzten Grenzen.

Alle bislang genannten Ansätze christlicher Auseinandersetzung mit der Geschichte kamen seit dem Beginn des 3. Jh. in verarbeiteter und geballter Form zur Wirkung. Kriege an den Ost- und den Westgrenzen des Reiches und die große Pestwelle zur Zeit der Regierung Mark Aurels (161–180) führten zuerst bei Gemeinden in Kleinasien und Syrien zur Erwartung des baldigen Weltendes. Solche Erwartungen fanden im Reich Verbreitung und veranlaßten Synoden und Bischöfe zu verdammenden Stellungnahmen.[188] Recht eindrücklich schildert uns Hippolyt in seinem Danielkommentar zwei Fälle solcher Naherwartung des Endes: In Syrien seien viele Christen in die Wüste und in die Berge gezogen, Christus entgegen. Der Strategos (Gouverneur) hätte sie beinahe wie Räuber ergreifen lassen. Auch in Pontos hätten Christen ihre Äcker und ihren Besitz verlassen, da sie das Gericht Christi für das kommende Jahr erwarteten. Sie wurden ins Elend gestürzt.[189]

Ob man nun solche Endzeiterwartungen stützen oder widerlegen wollte, man brauchte dazu Berechnungen auf der Grundlage von chronologischen Systemen und deren Vergleichen. Ein Sichbescheiden mit dem Nichtwissen, wie es Hippolyt in seinem Kommentar als Haltung empfahl, reichte vielen nicht aus. Man wollte Genauigkeit. So verband man das chronologische Material der verschiedenen griechischen, römischen und orientalischen Zeitrechnungen mit der wissenschaftlich-chronographischen Methode, die sich in hellenistischer Zeit herausgebildet hatte, sowie mit den Daten der alttestamentlichen Geschichte und den jüdisch-christlichen Modellen der weltgeschichtlichen Deutung. So entstand die christliche Chronographie. Trotz der genannten Einflüsse war sie wegen ihrer Methode wie auch wegen ihrer geschichtstheoretischen Deutung innerhalb der gesamten bisherigen Geschichtsschreibung etwas durchaus Neues und Eigenständiges.

Das älteste Werk christlicher Chronographie ist leider nicht erhalten. Wir wissen von ihm nur das, was Eusebs knappe Charakterisierung in seiner Kirchengeschichte hergibt: »Um diese Zeit gab Judas ... in einer Abhandlung über die siebzig Wochen Daniels eine Chronographie bis zum zehnten Jahre der Regierung des Severus [also bis zum Jahre 202/3]. Er glaubte, das vielbesprochene Erscheinen des Antichrist sei schon damals nahe gewesen. So sehr hatte die damals gegen uns wütende Verfolgung die Gemüter der Massen erregt.«[190]

Etwas besser sind wir über das Werk des Sextus Julius Africanus (gest. nach 240) informiert. Heinrich Gelzer, der ihm eine umfangreiche Untersuchung gewidmet hat,[191] beginnt seine Studie mit den Worten: »Julius Africanus gehört zu den gefeiertsten Namen der alten Kirche. Seine über das gewöhnliche Niveau sich erhebenden Versuche harmonistischer Evangelienerklärung empfehlen ihn den Exegeten; durch sein Geschichtswerk ist er der Vater der christlichen Chronographie geworden.«[192]

Auch dieses Geschichtswerk ist nicht erhalten, doch können wir uns von ihm ein wesentlich besseres Bild machen als von der Arbeit des Judas. Dazu verhelfen uns einmal zwei kurze allgemein gehaltene Charakterisierungen und zum anderen die vielen stofflichen Bezugnahmen in späteren historiographischen Werken auf das Material, das Julius Africanus gesammelt und geordnet hatte. Auch Euseb hat in seiner Chronik das Werk des Africanus verwertet. Aus allen diesen Bezeugungen und Spuren läßt sich doch ein recht guter Eindruck von dieser ersten wissenschaftlichen christlichen Chronographie gewinnen.

Aus der Notiz in einer Handschrift geht hervor, daß er die Schöpfungswochentypologie zugrunde legte.[193] Der

Patriarch Photios läßt in seiner *Bibliotheca* noch mehr wesentliche Aspekte erkennen: »Es handelt sich um eine Kurzfassung, die aber nichts von dem übergeht, was von den antiken Historikern berichtet wurde. Es beginnt mit dem Bericht über die Weltschöpfung (wie er 1. Mose gegeben wird) und führt bis zu Christi Geburt. In knapper Form schließt er auch die Zeit von Christus bis zu Macrinus [217/18], dem Kaiser der Römer, ein.« So habe das ganze Werk einen Zeitraum von 5723 Jahren umfaßt, die in fünf Büchern behandelt wurden.[194] Eine besondere chiliastische Tendenz jedoch hob Photios nicht hervor.

Der Teil des Werkes, der die Zeit bis Christus behandelte, war also ungleich ausführlicher als die Darstellung der kirchengeschichtlichen Entwicklung. Für die Perioden vor Christus lag ja, wie wir gesehen haben, bereits eine Fülle von gesammeltem Material vor. Der zweite Teil dagegen war offensichtlich sehr dürftig und konnte überhaupt keinen Vergleich mit Eusebs späterem kirchengeschichtlichem Werk aufnehmen. So kann man die Verwunderung Gelzers nicht teilen: »Es ist befremdlich, daß von dem ersten christlichen Chronographen nur so überaus dürftige und teilweise so zweifelhafte kirchliche Nachrichten sich erhalten haben.« Und er gibt gleich selbst die richtige Antwort: »Offenbar ist gerade dieser Teil der Chronographie nur wenig benutzt worden. Es erklärt sich das um so leichter, als die eusebische Kirchengeschichte mit ihren ausführlichen, aus den besten Quellen geschöpften Berichten bald den kurzen Überblick des Africanus völlig in den Hintergrund drängen mußte.«[195]

Africanus setzte Pelegs Tod in das Jahr 3000[196] und die Geburt Christi in das Jahr 5500. Von Peleg heißt es 1. Mose 10,25 (= 1. B. der Chronik 1,19) in der Völkertafel unter den Semiten: »Eber wurden zwei Söhne geboren. Einer hieß Peleg [d. h. Teilung], weil zu seiner Zeit die

Erde zerteilt wurde; und sein Bruder hieß Joktan.« Da bei der Abfassung der Arbeit des Africanus nach dieser Rechnung bereits das Jahr 5723 erreicht war, standen bis zum Ausbruch des tausendjährigen Reiches noch 277 Jahre aus. Africanus, das kann man daraus schließen, wollte durch sein Werk und durch dessen wissenschaftliche Berechnungen der aktuellen Naherwartung entgegentreten. Er setzte sich damit unter anderem auch von der Arbeit des Judas ab, der gerade durch seine chronographischen Zusammenstellungen die Erwartung des nahe bevorstehenden Weltendes untermauern wollte.

Africanus hat ein wissenschaftliches Werk geschaffen, das seine Beurteilungskriterien aus den Bibelbüchern des Alten Testaments nahm, die für ihn »unfehlbare Hauptautoritäten« waren.[197] Von den Bemühungen der Apologeten unterschied er sich dadurch, daß der Altersbeweis exakter und in wissenschaftlicher Weise geführt und durch eine viel umfassendere Materialmenge gestützt wurde. Dazu trat ein weiterer Aspekt. Mit seiner Hervorhebung, daß nämlich »die genaue Fixierung aller chronologischen Einzelposten ... Selbstzweck« wird, hat Gelzer sicher recht.[198] Insofern ist Africanus ein Erbe der hellenistischen Chronographen. Doch wird man gut tun, das Interesse am historischen Detail nicht überzubetonen. Es ging ihm um chronologische Berechnungen, Verbindungen und Vergleiche zwischen verschiedenen chronologischen Systemen, um Unterteilung der weltgeschichtlichen Entwicklung nach chronologischen und geschichtstheoretischen Prinzipien, nicht aber um die Erklärung von Hintergründen, Motiven und Entwicklungen einzelner Erscheinungen und Zusammenhänge.

Sextus Julius Africanus war in Jerusalem geboren und lebte in Emmaus. Er stammte also aus dem griechischen Kulturbereich und war ein kritischer wissenschaftlicher Geist von großer Bildung und weitem kulturellem Horizont. Seine Ausbildung hatte er in Alexandreia bei dem Origenesschüler Heraklas erhalten; er war selbst ein Freund des Origenes. Er gewann ein so großes Ansehen, daß er sowohl mit dem römischen Kaiser Alexander Severus, dem er in Rom im Pantheon eine Bibliothek einrichtete, als auch mit dem Fürsten von Edessa in gutem Kontakt stand. Die synchronistische Weltchronik ist vielleicht nicht sein einziges Buch gewesen. In der Forschung ist es umstritten, ob auch die *Kestoi* (Stickereien), ein dem Kaiser gewidmetes, 24 Bücher umfassendes Werk, ihm zuzuschreiben seien. Darin ist die gesamte Wissenschaft seiner Zeit behandelt; allerdings läßt sich hier nur wenig von einer christlichen Ausrichtung erkennen. Außerdem sind uns noch zwei Briefe von ihm überliefert. Der eine von ihnen war an Origenes gerichtet. Ein welterfahrener und kluger Mann war Africanus schon; um so bedauerlicher ist der Verlust seines chronographischen Werkes.

Aus einem ganz anderen Milieu kam der Verfasser einer bald nach dem Werk des Africanus erschienenen Chronik. Sie reichte von der Weltschöpfung bis zum Jahr 234 bis 235. Es handelt sich um den bereits mehrfach erwähnten Hippolyt. Auch er stammte aus dem griechischen Kulturkreis und schrieb griechisch, verbrachte aber den größten Teil seines Lebens in Rom. Dort leitete er als Bischof von 217 bis zu seinem Märtyrertod im Jahr 235 eine schismatische rigoristische Gemeinde. Er war ein vielseitiger Schriftsteller. Für alle seine Werke ist es charakteristisch, daß sie von einem bischöflichen, seelsorgerlichen Anliegen geleitet werden. Auch seine Chronik macht hier keine Ausnahme. Sie ist nur im Zusammenhang mit seinen übrigen Schriften – vor allem dem schon erwähnten Danielkommentar und der Schrift *De antichristo* (Über den Antichrist) – zu verstehen und zu würdigen. Wir gehen dabei davon aus, daß sein schriftstellerisches Werk von einem einzigen Autor stammt. Dieses Problem wird in der Forschung sehr kontrovers diskutiert.[199]

Seine Chronik ist uns überkommen. Wenn vom originalen griechischen Text auch nur der Anfang vorliegt, so ist das ganze Werk doch in drei voneinander unabhängigen lateinischen Übersetzungen sowie in einer armenischen und einer georgischen Übertragung erhalten. Vergleicht man sein Werk mit dem des Africanus, so ist man enttäuscht. Hippolyt war nicht von einem originär chronographischen Anliegen beseelt, sondern verfolgte wie auch in der Schrift »Über den Antichrist« und im Danielkommentar eine praktische Zielstellung. Die biblische Chronologie dominierte, nur recht und schlecht durch profane Daten ergänzt. Eine Synchronisation wurde eigentlich nicht versucht. Die Orientierung an der biblischen Chronologie entsprach ja auch seiner Motivation, der chiliastischen Naherwartung entgegenzutreten. Der Altersbeweis und wissenschaftlich-chronologische Aspekte interessierten ihn nicht. Er war selbst Chiliast, ging aber davon aus, daß Christus im Jahr 5500 seit der Schöpfung geboren wurde. Er vertrat also wie Africanus sowohl die Schöpfungswochentypologie als auch die Auffassung, daß das Ende noch weit entfernt sei.

Im Danielkommentar trat Hippolyt den Beweis für diese Rechnung an: »Wir haben die Zeiten von der Weltschöpfung und von Adam an berechnet. Daraus ergibt sich uns das folgende deutlich: Die erste Ankunft des Herrn, seine Menschwerdung, als er in Bethlehem geboren wurde, geschah am 24. Dezember (a. d. VIII Kal. Ian.), an einem Mittwoch, als Augustus Kaiser war, im 12. Jahr dieses Kaisers,[200] im Jahr 5500 von Adam an gerechnet. Seinen Tod erlitt er aber in seinem 33. Lebensjahr, am 25. März (a. d. VIII Kal. Apr.), an einem Freitag, im 18. Jahr der Regierungszeit des Kaisers Tiberius. Damals waren Rufus und Rubellionus und der Caesar Gajus zum vierten

Mal und Gaius Kestius Satornius Konsuln. Es müssen nun die 6000 Jahre erfüllt werden, damit der Sabbat komme, die Ruhe, der heilige Tag, an dem sich Gott von allen seinen Werken, die er zu tun angefangen hatte, ausruhte.« Nun aber kommt die Frage, wo denn sein Beweis dafür sei, daß der Heiland im Jahr 5500 geboren wurde. Als Antwort verweist er auf die im 2. Buch Mose 25, 10f. beschriebene Bundeslade, die als ein Gleichnis gemeint gewesen sei. Die Lade war zweieinhalb Ellen lang, eineinhalb Ellen breit und eineinhalb Ellen hoch. Das ergebe fünfeinhalb Ellen = 5500 Jahre. Ein weiterer Beweis für diese Rechnung sei im Johannesevangelium 19,14 zu finden: Es war die »sechste Stunde«, also die Hälfte des Tages, der morgens um 6.00 Uhr begann. Noch galt also die Last des Gesetzes, und es mußte noch die Hälfte des Jahrtausends frei bleiben für die Verkündigung des Evangeliums in der ganzen Welt. Neben diesen biblischen Argumenten entnahm Hippolyt einen weiteren Beweis der Weltreichetypologie: Die Perser hatten 230 Jahre geherrscht, die ruhmvolleren Griechen 300 Jahre. Folglich müsse das stärkste der vier Tiere, das letzte, länger regieren, also 500 Jahre. Das Fazit aller dieser Beweise sei, daß das Ende noch ausstehe. Es werde aber kommen. »Denn was von Gott vorherbestimmt wurde und von den Propheten vorhergesagt ist, dieses wird so zu seinen Zeiten in Erfüllung gehen.«[201]

In der Chronik[202] wird der zuletzt genannte Beweis nicht genannt. Hier führt er die Berechnungen auf dreifache Art durch: mit Hilfe der biblischen Chronologie[203], mit Hilfe der Berechnung des Passahfestes[204], mit Hilfe profaner Berechnungen[205]. Rudolf Helm hat in einem Anhang zu seiner Edition der Chronik einen kurzen Abriß des chronologischen Systems Hippolyts zusammengestellt.[206] Die erste und die zweite Berechnung zählten von Adam bis zum 13. Jahr des Kaisers Alexander Severus 5738 Jahre.

Neben solchen chronologischen Berechnungen bot Hippolyt in seinem chronographischen Werk zudem einen Überblick über die Verteilung der Völker der Erde mit Bemerkungen zu Klima, Gebirgen und Flüssen, den sog. Diamerismos[207], und eine Zusammenstellung von Entfernungsangaben des Mittelmeeres, den sog. Stadiasmos[208].

Sein seelsorgerliches Anliegen fand Hippolyt offensichtlich in der Chronographie des Sextus Julius Africanus nicht erfüllt, und er arbeitete aus diesem Grunde ein eigenes Werk mit anderen Zielstellungen aus.

Charakteristisch für seine Auffassung ist auch, daß er die Liste der römischen Kaiser nur am Ende des Werkes in einem Anhang liefert.[209] Darin kommt seine ganz besondere Haltung dem Römischen Reich gegenüber zum Ausdruck, auf die wir noch im Kapitel über Eusebs Kulturtheologie eingehen werden.

Der von ihm im Vorwort ausgedrückte Gedanke, daß die Diener der Wahrheit durch Bekämpfung der Unwissenheit zuzurüsten seien, gehörte in der Folgezeit zu den Standardaussagen der Einleitungen von chronographischen Werken.[210]

Die Chronik

Wir mußten uns den langen Weg der vorhergehenden Entwicklungslinien und die ganze Breite der unterschiedlichen Ansätze, Motivationen, Methoden und Zielstellungen christlicher Versuche von Geschichtsinterpretation und -darstellung der ersten drei Jahrhunderte vor Augen führen, um die Leistung Eusebs, seine Abhängigkeit und seine Eigenständigkeit auf historiographischem und auf geschichtstheologischem Gebiet in den großen Zusammenhang einordnen und aus ihm heraus angemessen beurteilen zu können. Zu leicht könnte man sonst der Gefahr unterliegen, seine Werke Maßstäben zu unterwerfen, die nicht die Kriterien seiner Zeit waren.

Am Anfang seiner historiographischen Tätigkeit stand die Chronik. Die Impulse für diese Arbeit stammten aus der eben charakterisierten Tradition. Doch Euseb wollte sie nicht fortsetzen, sondern korrigieren. Seine Absicht war es, in der Zielstellung, in der Methode, in der Quellenaufbereitung und in der gesamten Anlage etwas Besseres als seine Vorgänger zu bieten. So wurde mit seiner Arbeit für die Chronographie zwar kein grundsätzlich neuer Anfang, aber doch ein ganz wesentlicher Einschnitt erreicht. Es ist darum schon angebracht, wenn Gelzer, wie oben zitiert, nicht Euseb, sondern Africanus den Vater christlicher Chronographie nennt. Chronologisch ist das auf jeden Fall richtig. Von der Sache her gesehen wird man aber Euseb immer neben Africanus nennen müssen.

Leider ist das Werk nicht in seinem ursprünglichen Zustand auf uns gekommen; so ist zuerst etwas über die Überlieferung zu sagen. Die wesentlichen Teile der Chronik sind in einer armenischen Übersetzung erhalten.[211] Josef Karst nimmt als die Zeit der Entstehung dieser Übersetzung das Ende des 6. oder das 7. Jh. an.[212] Dazu sind uns zwei syrische Kurzfassungen überliefert.[213] Am ältesten ist die lateinische Übersetzung des Hieronymus.[214] Allerdings übertrug er nur den zweiten Teil, die eigentliche Chronik. Dabei unterschied er drei Stufen seiner Bearbeitung der Eusebschen Vorlage: Bis zu Trojas Fall habe er streng die griechische Vorlage übersetzt. Von da an bis zum Jahr 325/26 u. Z. habe er der Übersetzung Exzerpte aus anderen Historikern hinzugefügt. Das übrige bis zum Jahr 378 reichende Werk sei vollständig seine eigene Arbeit.[215] Die armenische wie die lateinische Übersetzung fußen auf der zweiten Ausgabe der Chronik Eusebs, die 325/26 fertiggestellt wurde.

Eusebs Einleitung zu seinem Unternehmen haben uns sowohl die armenische als auch die lateinische Übersetzung überliefert, doch beide haben jeweils gekürzt. Nehmen wir aber beide Texte zusammen, können wir uns ein gutes Bild von dieser Einführung machen. Das ist sehr wichtig, da Euseb hier ganz wesentliche Ausführungen zu seinen Zielstellungen und zum Aufbau des Werkes gibt.

Als erstes wird von ihm seine wissenschaftlich-exakte Methode hervorgehoben: »Durchgegangen habe ich die mannigfachen Schriftwerke der Geschichten der Altvorderen: was die Chaldäer und Assyrer berichten, was im einzelnen auch die Ägypter schreiben, was auch die Griechen erzählen«; Dynastien und Olympiadenrechnung, die großen Taten aller Völker, Heerführer, Gelehrten, Helden, Dichter, Geschichtsschreiber, Philosophen, »alles dies habe ich gemeint, in gedrängter Zusammenfassung der Bearbeitung zu unterziehen, zumal insoweit es wirklich nützlich und zur Sache wichtig ist, dazu auch die von den Hebräern aus den heiligen Schriften überlieferte alte Geschichte und Zeitbeschreibung dem vorhin Erwähnten gegenüberzustellen«. Mit Kritik wird dabei nicht gespart: »Bei den Griechen ist es keineswegs zu verwundern, daß sie außerhalb jeglicher umfassender Zeitrechnung stehen. Sie haben sich selbst unter allerlei zersetzendes Verderben gebracht und lange Zeit hindurch ... einer Schrift gänzlich ermangelt ... Von den Ägyptern aber werden zahlreiche überspannte Geschichten erzählt; ebenso auch von Chaldäern ... Die Ägypter aber erdichten mancherlei alberne Sagen über Götter und Halbgötter, dazu noch über Totengeister und andere, sterbliche Könige. Und nun denn, was sollte mich nötigen, der ich die Wahrheit über alles ehre, solcherlei Sachen kleinlich zu untersuchen, da sich doch sogar bei den Hebräern, meinen Lieblingen, Zweifel finden ... Dieses aber habe ich gesagt zur Widerlegung der in eitler Überhebung befangenen Chronographen.«[216] Ähnliche Bemühungen, wie sie hier zum Ausdruck kommen, wird man wohl auch seinem Vorgänger Sextus Julius Africanus nicht absprechen können. Doch ist von dessen Werk zu wenig erhalten, um einen überzeugenden Vergleich beider Werke im Blick auf ihre Methode unternehmen zu können.

Allerdings ist Euseb betont antichiliastisch. Ohne Namen zu nennen, setzt er sich damit bewußt von Africanus und Hippolyt ab. Nach seiner Meinung stehen die chiliastische Auslegung und die wissenschaftliche Exaktheit in schärfstem Kontrast. Damit lehnt er dann auch den wissenschaftlichen Anspruch der Werke seiner beiden christlichen Vorgänger ab. Mit seinen eigenen Worten bringt er das in folgender Weise zum Ausdruck: »Und angelegentlich lasse ich es hier von vornherein einem jeden anempfohlen sein, sich nicht etwa aufzulehnen und zu widerstreiten, als ob man mit irgendwelcher Sicherheit die Kenntnis der Zeiten ermitteln könne.« Das ist gegen diejenigen gerichtet, die durch chronologische Berechnungen den Zeitpunkt des Endes der Welt genau voraussagen wollten.

Mit zwei Gründen widerlegt Euseb diesen Anspruch. Der eine ist ein Wort Jesu, das in der Apostelgeschichte überliefert wird: »Es gebührt euch nicht, Zeit oder Stunde zu wissen, die der Vater in seiner Macht bestimmt hat« (Apostelgeschichte 1,7).

Nicht nur antichiliastisch deutet Euseb diesen Spruch, sondern als eine Warnung für alle chronologische Arbeit: »Es scheint mir nun aber, daß er als Gott und Herrscher nicht bloß mit Bezug auf das (Welt-) Ende, sondern bezüglich aller Zeiten diesen in wenigen Worten (gefaßten) Spruch getan habe, um diejenigen, die geneigt sind, sich dreist zu solch eitler Forschung zu vermessen, abzuhalten.« Euseb erschöpft sich also nicht in einseitiger Polemik, sondern weiß um die Problematik des ganzen Unternehmens.

Der zweite Grund lag für ihn in der Beschaffenheit der chronologischen Berechnung zu seiner Zeit: »Daß man nämlich weder von den Griechen, noch von den Barbaren, noch von den anderen, ja selbst nicht einmal von den Hebräern mit Sicherheit die allgemeine Chronographie der Welt lernen könne; daß vielmehr bloß dieses gelte, daß überhaupt aus der vorliegenden Abhandlung zweierlei zu lernen sei: erstens, daß ja keiner nach Art jener anderen sich einbilden solle, mit urkundlich zuverlässiger Gewißheit die Berechnung der Zeiten erfassen zu können und sich täusche; daß man vielmehr (zweitens) wissen möge, daß solches lediglich für den Ringplatz bestimmt sei [also für eine öffentliche Schaustellung]. Wie also wäre es da möglich, ein Wissen über die vorliegende Frage zu erlangen und nicht im Zweifel zu bleiben?«[217]

Schließlich wird als ein Ziel auch der schon von den Apologeten verwendete Altersbeweis genannt: Euseb vergleiche die alttestamentliche Chronologie mit der der anderen Völker, »damit wir in Erfahrung zu bringen vermögen, um wieviel früher als die heilbringende Gotteserscheinung Mose und die nach ihm folgenden Propheten der Hebräer seien, und was diese alles in göttlichem Geiste vorher geweissagt haben, damit wir leicht erkennen können, mit welchen sie von denen, die sich unter den Griechen oder den Barbaren als Helden auszeichneten, zusammengetroffen sind, und zu welchen Zeiten die Berühmten der hebräischen Propheten und alle ihre Führer lebten«[218]. Diese Sätze zeigen jedoch deutlich, daß das apologetische Anliegen für Euseb nur ganz am Rande eine Rolle spielte und auch hier chronologische Probleme als wissenschaftliche Fragen im Vordergrund standen.[219]

Euseb nennt seine Quellen sowohl in zusammenfassenden Übersichten als auch in den Überschriften der Zitate aus den historiographischen Werken. Für die Chronologie der Hebräer verweist er auf das Alte Testament, die *Antiquitates* (Jüdischen Altertümer) des Josephos und das Werk des Sextus Julius Africanus.[220] In den von Hieronymus übersetzten Teilen des Vorworts werden zudem Klemens von Alexandreia, der Apologet Tatian und der Konkurrent des Josephos, Justos von Tiberias, von dessen Geschichte des jüdischen Krieges uns nichts erhalten ist, genannt.[221] Für das übrige zählt er auf: »den Polyhistor Alexander; Abydenos, der die Assyrer- und die Medergeschichten geschrieben hat; Manethons drei Bücher von den ägyptischen Denkwürdigkeiten; Kephalions neun musische Bücher; Diodors 40 Bücher; 18 Bücher des Kassios Longinos, in denen er 138 Olympiaden zusammengefaßt hat; 14 Bücher des Phlegon, des Freigelassenen Caesars; 3 Bücher des Thallos; Porphyrios, unseren zeitgenössischen Philosophen, von der Einnahme Ilions bis zur Regierung des Klaudios« (268–270), sowie Dionysios von Halikarnassos, »der die römische Geschichte abrißweise zusammengefaßt hat... mit zuverlässiger Sicherheit«.[222] Die für Euseb wichtigsten Quellen haben wir bereits oben charakterisiert.

Schon auf Seite 60 wurde auf die Hypothese hingewiesen, Euseb habe nur wenige dieser Werke gekannt. Eduard Schwartz glaubt, daß Africanus die einzige Quelle für Euseb gewesen sei. Er habe dessen Quellen angegeben, um Gelehrsamkeit vorzutäuschen.[223] Solche Vorstellungen können nicht aufrechterhalten werden, wie neue Forschungen zeigen.[224] Sie widersprechen auch der uns aus anderen Werken Eusebs bekannten Methode.

Der erste Teil des Werkes, die Chronographie, ist eine wissenschaftliche Untersuchung der Chronologien der Völker. Hier zitiert Euseb jeweils längere, die chronologische Thematik betreffende Abschnitte aus seinen Quellen, mit genauer Quellenangabe und mit eigenen kritischen Beobachtungen. Er beginnt mit der Chronographie der Chaldäer und erörtert dann die der Assyrer, der Meder, der Lyder, der Perser. Es folgt die Chronographie des Alten Testaments. Dann wendet er sich der Chronologie der ägyptischen Dynastien und der Ptolemäer zu. Die griechische Geschichte wird in verschiedene Abschnitte eingeteilt: die Könige der Städte Sikyon, Argos, Athen, Sparta, Korinth. Es folgen eine Liste der Meeresbeherrscher, dann die Olympiadenrechnung, weiter die Chronologie der Könige von Makedonien, Thessalien, Syrien, Asien, schließlich die römischen Herrscherdaten von Romulus bis zur Zeit Eusebs.[225] Das Ganze wird mit Königslisten beendet, die die Jahre der Regierungsdauer angeben. Die Liste der römischen Kaiser bietet dagegen keine Daten, vermerkt aber die Todesart, wobei Mord überwiegt.

Aus diesem gesammelten und von ihm kritisch geprüften Material wählt er seinen Stoff für den Chronik-Kanon aus.[226] Das ist dann der zweite Teil des chronographischen Gesamtwerks. Während wir über die Chronographie, den ersten Teil also, mit Hilfe der armenischen Übersetzung ein sehr gutes Bild gewinnen können, macht es Rudolf Helm, der Editor der Übersetzung des Hieronymus, wahrscheinlich, daß die durch Hieronymus überlieferte Form dieses zweiten Teiles viel mehr dem Original entspricht als die durch den Armenier gebotene Fassung.[227] Hieronymus hat auch das Vorwort Eusebs zu diesem Teil in viel ausführlicherer Gestalt bewahrt als der armenische Übersetzer. Abschnitte daraus wurden zudem in griechischer Sprache in Eusebs *Praeparatio evangelica* und in die Chronik des Historikers Georgios Synkellos übernommen und uns auf diese Art im Originaltext erhalten.[228]

Nach den Berechnungen der Christen Klemens von Alexandreia, Sextus Julius Africanus, Tatian sowie der jüdischen Historiker Josephos und Justos von Tiberias – so führt Euseb im Vorwort aus – habe Mose 500 Jahre vor dem Trojanischen Krieg gelebt. Nach der Meinung des heidnischen Philosophen Porphyrios betrage der Abstand aber 850 Jahre. Aus diesem Grunde habe er, Euseb, im ersten Teil des Werkes die verschiedenen Chronologien untersucht. Aus dem zweiten Teil nun, dem chronologischen Kanon, gehe hervor, daß Abraham und die assyrische Königin Semiramis sowie Israel und Inachos, der König von Argos, Zeitgenossen gewesen seien. Mose sei jünger als diese gewesen, habe aber vor dem Trojanischen Krieg gelebt.[229] Damit sei er älter als alle diejenigen, die die Griechen für die ältesten halten, älter also als Homer und Hesiod.

Zwei Ereignisse nun legt Euseb seinen Berechnungen als chronologische Fixpunkte zugrunde. Der eine ist das 15. Jahr der Regierung des Kaisers Tiberius, der Beginn von Jesu öffentlicher Wirksamkeit. Das ist gleichzeitig das 4. Jahr der 201. Olympiade. Der andere Fixpunkt ist der Wiederaufbau des Tempels in Jerusalem, 548 Jahre vor dem zuerst genannten Fixpunkt, im zweiten Regierungsjahr des Königs Dareios, im ersten Jahr der 65. Olympiade.[230] Beide Fixpunkte werden rein auf synchronistischem Wege erreicht und nicht etwa von theologischen Deutungen bestimmt. Von diesen Daten aus berechnet Euseb nun auf der Grundlage seiner Listen und Zeugnisse die ganze Geschichte. Die Entwicklung des Volkes der Hebräer wird in vier große Abschnitte eingeteilt: »von Abraham bis Mose, von Mose bis zum ersten Tempelbau, vom ersten Tempelbau bis zum Wiederaufbau des Tempels, vom Wiederaufbau des Tempels bis zur Ankunft des Herrn Christus«. Das sind von Abraham bis zu Mose und dem Auszug Israels aus Ägypten 505 Jahre, von Mose bis zu Salomon und dem ersten Tempelbau nach dem 3. Buch der Könige 478 Jahre, nach dem Buch der Richter 600 Jahre, von Salomon bis zum Wiederaufbau des Tempels unter Dareios 512 Jahre, von Dareios bis zum 15. Jahr des Kaisers Tiberios 548 Jahre. Also betrage der Zeitraum von Abraham bis zum 15. Jahr des Tiberius 2044 Jahre. Das gleiche Ergebnis erhalte man bei der Berechnung der profanen Geschichte.

»Und damit nicht die lange Zahlenliste Verwirrung hervorrufe, habe ich die gesamte Jahreszählung in Dekaden eingeteilt, die ich aus den Geschichten der einzelnen Völker gesammelt und gegenübergestellt habe. So kann leicht gefunden werden, zu welcher Zeit eines Griechen oder Nichtgriechen die Propheten, Könige und Priester der Hebräer lebten, genauso die fälschlich dafür gehaltenen Götter und Heroen der verschiedenen Völker, wann eine Stadt gegründet wurde, wer von den berühmten Philosophen, Dichtern, Fürsten und Schriftstellern wirkte und was von den Geschehnissen der Geschichte sonst der Erinnerung wert ist. Alles dieses haben wir an seinem Ort mit äußerster Kürze vermerkt.«[231]

Im Kanon begann Euseb also mit dem, was auf der Grundlage seiner Materialien berechenbar war, nämlich mit Abraham. Das chronologische Gerüst gaben die Königslisten der alten Völker[232] und die griechische Olympiadenrechnung ab. Damit wurden die Daten aus dem Alten Testament verbunden. In dieses Gerüst wurden die von Euseb im Vorwort genannten historischen und literarischen Notizen eingeordnet. Besonders Bedeutsames wurde graphisch hervorgehoben. Dieses, die jeweilige Unterstreichung der Dekadenzahl und die Olympiadenrechnung, ermöglichten eine schnelle Orientierung und erleichterten die Benutzung sehr.

Euseb kannte jedoch auch eine christliche Weltrechnung. Nach der Septuaginta, der griechischen Übersetzung des Alten Testaments, die er für die beste Überlieferung hielt, berechnete er von Adam bis zur Sintflut 2242

Jahre, von der Sintflut bis zum ersten Jahr Abrahams 942 Jahre[233], von Abraham bis zum 15. Jahr des Kaisers Tiberius 2044 Jahre[234], von Abraham bis zur Geburt Christi 2015 Jahre[235]. Oder mit anderen Zäsuren: »Es waren von Adam bis zum zweiten Jahr des Darek 4680 Jahre; und vom zweiten Jahr Dareks bis zum 15. Jahr des Tiberius 548 Jahre. Und vom 15. Jahr des Tiberius bis zu den Vicennalien Konstantins I. 300 Jahre.«[236] Das ergibt von Adam bis zu Jesu Geburt 5200 Jahre, von Adam bis zum 15. Jahr des Tiberius, das heißt bis zum Beginn der öffentlichen Wirksamkeit Jesu 5228 Jahre, von Adam bis zu Konstantins zwanzigjährigem Regierungsjubiläum 5528 Jahre. Daraus ergibt sich, daß Euseb im Gegensatz zu der unter den Christen seiner Zeit verbreiteten Festsetzung der Geburt Jesu auf das Jahr 5500 der Weltära, die auch Africanus und Hippolyt vertraten, die Geburt auf das Jahr 5200 ansetzte, das Datum also auf chronologischem und nicht auf theologischem Wege errechnete.[237]

Soweit das Grundsätzliche zu diesem Werk. Einiges von der angewandten Methode und vom Aufbau muß noch ausführlicher dargelegt werden.

In der Chronographie verwertete Euseb Exzerpte aus den Werken des Alexander Polyhistor, Abydenos, Diodor, Josephos, Kastor und Kephalion zur Geschichte der Chaldäer und Assyrer und stellte jeweils die Übereinstimmungen im Berichteten fest. Interessanter ist seine Prüfung der Überlieferung zur frühen hebräischen Geschichte:

Weder von der Zeit im Paradies noch von der Schöpfung könne die Chronographie abgeleitet werden, sondern erst von dem Zeitpunkt an, wo ein sterbliches Wesen auf der Welt gewesen sei, also von Adam ab. »Von hier ab nun möge unsere gegenwärtige Chronographie den Anfang nehmen; und die etwaige vorausgehende (Ur-) Geschichte möge sie aus der Verbindung mit diesen folgenden Zeiten als eine unbestimmte weg- und beiseitelassen.« Eusebs Kanon selbst fängt jedoch erst mit Abraham an. Nun gebe es, so Euseb weiter, unterschiedliche Überlieferungen. Namentlich die jüdische und die samaritanische Chronographie zeige Diskrepanzen. Dazu treten die Unterschiede in der Fassung der griechischen Übersetzung der Septuaginta. Diese verschiedenen Versionen wolle er der Reihenfolge nach zitieren und die chronologischen Unterschiede nennen.[238]

Beim Vergleich der chronologischen Angaben über die Zeit von Adam bis Noah stellt Euseb einen Unterschied von 586 Jahren zwischen der griechischen Übersetzung und dem hebräischen Text fest, dazu Unterschiede im einzelnen. Vertrauenerweckender sei die griechische Übersetzung. Namentlich die Angaben über das Alter vor der jeweiligen Kinderzeugung seien im hebräischen Text kürzer. Hier liege eine Textveränderung durch die Juden vor, die damit eine frühzeitige Verehelichung und Kinderzeugung propagieren wollten,[239] eine Argumentation, die er den jüdischen Bräuchen seiner Zeit entnahm. Die samaritanische Überlieferung weiche von hebräischer wie griechischer ab.

Ein wissenschaftliches Argument bietet Euseb für die Glaubwürdigkeit der Sintfluterzählung. Er verweist nämlich auf gefundene Fischfossilien: »Daß aber die Sintflut über alle höchsten Berge hinaus emporgestiegen sei, ist uns wenigstens, die wir dies schreiben, als eine offensichtliche Wahrheit durch die Auffindung gewisser Fische zu unseren Tagen oben auf den Hochkämmen des Libanongebirges glaubhaft geworden. Denn als man dort aus den höchsten Jochsenkungen des Gebirges Steine zu Bauwerken herausbrach, fand man die mannigfaltigsten Arten von Seefischen in den Berghöhlungen, geradezu damit verwachsen, gleichsam eingepökelt und gedörrt und wohl aufbewahrt bis zum heutigen Tage. So konnten auch wir als Augenzeugen die Glaubwürdigkeit jenes alten Geschichtsberichtes bezeugen.«[240]

Diese Bemerkung zeigt, daß Euseb durchaus kritische Fragezeichen hinter die Glaubwürdigkeit der alten Berichte setzte und sie an wissenschaftlichen Tatbeständen maß. Nicht nur der Philologe, der Texte vergleicht, sondern auch der kritische Historiker, der den Tatbestand selbst prüft, ist hier am Werk.

Die Erhebung der Unterschiede zwischen der griechischen Übersetzung, dem hebräischen und dem samaritanischen Bibeltext führte Euseb dann zu dem Schluß: »Es ist daher wohl klar, daß die Septuaginta aus alten und fehlerlosen Vorlagen der Hebräer übersetzt worden ist; und billigerweise werden auch wir diese bei der Zeitbeschreibung, die wir vorhaben, zugrunde legen. Zumal auch die Kirche Christi, die über den ganzen Erdkreis ausgedehnt ist, die griechische Übersetzung führt, und auch die Apostel und Jünger unseres Heilandes von Anbeginn an diese zu gebrauchen überliefert haben.«[241] Hier spricht der Grieche. Die Erkenntnisse der modernen Bibelwissenschaft haben zu anderen Ergebnissen sowohl im Blick auf den Wert der griechischen Übersetzung wie den Bibelgebrauch der judenchristlichen Gemeinden geführt.

Auch für die Zeit von Mose bis Salomon gebe es, so Euseb weiter, verschiedenartige chronologische Überlieferungen im Buch der Richter, in der Überlieferung in den Büchern der Könige und in der jüdischen Interpretation. Hier werden dann von ihm auch Sextus Julius Africanus und Klemens von Alexandreia fehlerhafter Angaben geziehen.[242] In solch kritischer Weise werden dann weiter die Zeiten bis zum Jahr 326, dem zwanzigjährigen Regierungsjubiläum Kaiser Konstantins I., berechnet.

Die Quellen zur ägyptischen Geschichte werden von Euseb ebenfalls einer kritischen Betrachtung unterzogen, doch fehlen ihm hier sowohl Parallelberichte wie auch das persönliche Engagement, das er bei der alttestamentlichen Geschichte zeigte. Zur griechischen Geschichte lag Euseb natürlich eine Fülle von Material vor. Namentlich für die frühe Geschichte bis zur ersten Olympiade stellt er die chronologische Glaubwürdigkeit in Frage.[243] Ausführlich nennt er die Sieger der einzelnen olympischen Spiele.[244] Für das übrige exzerpiert er die Daten aus seinen Quellen. Hinsichtlich der römischen Geschichte schließlich macht er es sich dann sehr einfach, indem er nur die chronologischen Passagen und Erörterungen aus den Werken des Diodor und des Dionysios von Halikarnassos zitiert.

Der größte Teil der Chronographie stellt also eine Fleißarbeit dar. Als Fachmann von kritischem Format erweist sich Euseb nur auf dem Gebiet der im Alten Testament überlieferten Geschichte, das ihm vertraut ist.

Wenn wir im folgenden von dem zweiten Teil des chronologischen Gesamtwerks, dem Chronologischen Kanon, eine Vorstellung vermitteln, so kommt es nicht darauf an, die Angaben Eusebs, seine Datierungen und die von ihm verwendeten Namen zu korrigieren. Vielmehr sollen die entscheidenden Zäsuren, die Euseb für den Geschichtsprozeß annahm, und die Anlage des Werkes verdeutlicht werden.

Mit vier Kolumnen beginnt der chronologische Kanon[245]:

Assyrien	Hebräer	Sikyon	Ägypten
Im 43. Jahr der Regierung des Ninos wurde Abraham geboren.	Geburt des Abraham, der mit 100 Jahren den Isaak zeugte.	Im 22. Jahr des Europs wurde Abraham geboren.	16. Dynastie

Im 161. Jahr der ägyptischen Dynastie kommt als fünfte Kolonne Argos hinzu. Hier beginnt die Regierung

des Inachos, bei den Assyrern die des Xerxes. Bei den Hebräern ist es das erste Jahr des Jakob, des Sohnes Isaaks, mit einer Lebensdauer von 121 Jahren. Eine Nebennotiz sagt, daß Isaak mit 60 Jahren zwei Söhne geboren wurden: Esau, der auch Edom hieß und Stammvater der Edomäer war, und Jakob, der später den Namen Israel bekam, von dem sich die Israeliten ableiten, die jetzt Juden heißen.[246]

Mit dem hundertsten Jahr der ägyptischen Knechtschaft der Hebräer tritt als eine sechste Kolumne Attika hinzu, wo Kekrops die Regierung übernahm. In Nebenbemerkungen werden chronologische Berechnungen gegeben.[247] Es folgen Regierungswechsel und Ereignisse, die die Hebräer betreffen; sie werden graphisch besonders hervorgehoben. Die Kolumne von Argos nimmt dann Mykene ein.[248]

Ein großer Einschnitt war für Euseb der Fall Trojas, den er für einen der chronologischen Fixpunkte hielt: »Vom Fall Trojas bis zur ersten Olympiade sind 406 Jahre. Bis zu diesem Datum sind für die Assyrer vom 43. Jahr des Königs Ninos an 835 Jahre, für die Hebräer von der Geburt Abrahams an 835 Jahre, für Sikyon vom 22. Jahr des Königs Europs an 835 Jahre, von der Geburt des Mose aber 410 Jahre vergangen.«[249]

Mit sechs Kolumnen geht es weiter: Assyrer, Hebräer, Sikyoner, Athener, Ägypter, Lateiner. »3 Jahre nach dem Fall Trojas (einige meinen nach 8 Jahren) regiert über die Lateiner, die später Römer benannt werden, Äneas.«[250] Nach dem Ausscheiden von Sikyon gibt es sieben Kolumnen, da Lakedaimon (Sparta) und Korinth hinzutreten.[251] Die Zahl der Kolumnen erweitert sich durch die Teilung der Hebräer in die Staaten Juda und Israel und durch das Aufkommen der Makedonen auf neun Kolumnen, wobei die Meder die Assyrer und die Lyder die Korinther ersetzten.[252]

Als großer Einschnitt ist der Beginn der Olympiadenzählung gekennzeichnet. Mit ihr hört Sparta auf.[253]

Zwei Ereignisse werden dann graphisch besonders hervorgehoben, nämlich die Expatriierung Israels und Judas[254]. Daß das zweite Jahr der Regierung des Dareios ein zentraler chronologischer Fixpunkt für Eusebs Berechnungen war, wurde schon gesagt. Als Zeugen werden Passagen aus den *Stromateis* (Teppiche) des Klemens von Alexandreia und aus dem Propheten Sacharja zitiert.[255] Es bleiben Perser und Makedonen, später treten die Diadochenreiche hinzu. Die Römer werden zwar genannt, aber nicht chronologisch geführt. Eine kleine Notiz erklärt dieses Vorgehen: »In Rom gab es nach den Königen zuerst von Brutus an Konsuln, dann Volkstribunen und Diktatoren und wiederum Konsuln, für insgesamt 464 Jahre, bis zu Iulius Caesar, der als erster die Einzelherrschaft ergriff, in der 183. Olympiade.«[256] Die Notizen aus Geschichte und Kultur nehmen nun zu und sind teilweise von erheblicher Länge. Die Judäer erhalten seit der Regierung des Judas wieder eine Kolumne.[257] Von Caesar an werden die römischen Herrscher gezählt. Der Regierungsantritt des Herodes gibt dann erneut Anlaß zu ausführlichen chronologischen Berechnungen.[258]

Hervorgehoben werden natürlich die Hauptdaten aus Jesu Leben. Unter den historischen Annotationen nimmt die Kirchengeschichte von da ab einen weiten Raum ein[259]. Genau wird auch die Besetzung der großen Bischofsstühle, wie zum Beispiel Roms, Alexandreias, Antiocheias, Jerusalems, registriert. Das chronologische Gerüst wird nun durch römische Kaiserdaten, Olympiadenrechnung und Bischofsdaten geliefert.

Mit dem Fall Jerusalems im Jahr 70 u. Z. war für Euseb das Ende der Geschichte der Juden erreicht. Er faßte es als Strafe Gottes für die Kreuzigung Christi auf: »Nachdem er Judäa eingenommen und Jerusalem zerstört hatte, tötete Kaiser Titus 600000 Männer [armenischer Text: 6 Myriaden]. Josephos berichtet aber [Bell. jud. 6,420.428], daß elfmal 100000 [armenischer Text: 120 Myriaden] durch Hunger und Schwert umgekommen seien und weitere 100000 [armenischer Text: 40 und 10 Myriaden] Gefangene öffentlich verkauft worden seien. Die Ursache dafür, daß sich eine so große Menge in der Stadt aufhielt, sei das Passahfest gewesen. Zu ihm seien sie aus ganz Judäa im Tempel zusammengekommen und seien so in der Stadt wie in einem Gefängnis eingeschlossen gewesen. Es gebührte sich nämlich, daß sie in eben diesen Tagen des Passahfestes getötet wurden, in denen sie den Heiland gekreuzigt hatten.«[260] Die Juden scheiden also aus der Heilsgeschichte aus, die Christen treten dafür ein und tragen sie weiter.

Erwähnenswert ist noch, was Euseb über seine Vaterstadt Kaisareia in die historischen Notizen aufnahm: Genannt wird die Gründung Kaisareias durch Herodes anstelle von Stratonsturm; der Aufstand des Felix und die großen Verluste unter der jüdischen Bevölkerung Kaisareias; Erdbeben in Nikopolis und Kaisareia; die Übersiedlung des Origenes von Alexandreia nach Kaisareia; der Märtyrertod des Bischofs Alexander von Jerusalem in Kaisareia.[261] Euseb ließ sich also nicht von Lokalpatriotismus leiten, sondern hatte die Weltereignisse im Blick. Er war auch nicht nur an der Kirchengeschichte orientiert, sondern zeigte ein weites historisches und kulturhistorisches Interesse. Wer dieses Werk in die Hand nahm, hatte ein trotz aller Kürze sehr informatives und gut zu handhabendes, übersichtliches und zuverlässiges universalhistorisches Werk vor sich.

Die Wirkung war beträchtlich, wenn das Werk wohl auch vielen als zu wissenschaftlich und zu kritisch und zu wenig ideologieträchtig erschien. Die byzantinische Weltchronik fußte natürlich auf Eusebs Leistung, doch griff sie auch auf das Werk des Sextus Julius Africanus und auf dessen chronologischen Einsatz mit der Schöpfung der Welt zurück.[262] In Armenien stand Eusebs Werk immer in höchstem Ansehen. Das wird nicht nur durch die Übersetzungsarbeit belegt, ohne die uns die Chronographie nicht erhalten wäre, sondern auch durch die Verwertung in den Werken der armenischen Historiker. Für die Wertschätzung der Eusebschen Arbeit ist ein Urteil wie das des aus dem 12. Jh. stammenden Chronographen Samuel von Ani symptomatisch: »Jeweils sind es die Scharfsinnigsten und Weisesten der Männer gewesen, die in ihrem Volke die Zeitbeschreibung darzustellen unternommen haben. In dieser Hinsicht ist Euseb der Seelige unter den Früheren und den Späteren der berühmteste gewesen.«[263]

In Syrien war bereits um das Jahr 600 die erste Ausgabe der Eusebschen Chronik übersetzt worden. Die zweite Ausgabe wurde dann in die um 775 entstandene Chronik des Pseudo-Dionysios von Tell-Maḥrē eingearbeitet.[264]

Im lateinischen Bereich war die Übersetzung des Hieronymus Vorbild der Chronographie, doch begannen die späteren okzidentalen Chronographen wieder mit der Erschaffung der Welt und legten unhistorische Gliederungsprinzipien zugrunde. Zum Beispiel wendete Quintus Iulius Hilarianus, der im Jahr 397 schrieb, wieder das Schema der Schöpfungswoche (1 Schöpfungstag = 1000 Jahre) an.[265] Sulpicius Severus, der um 400 schrieb, begann seine Chronik mit Adam. Paulus Orosius (5. Jh.) periodisierte die Geschichte nach dem Vierweltreicheschema des Buches Daniel und hatte damit den größten Einfluß auf die folgende okzidentale Geschichtsschreibung. Auf Euseb/Hieronymus fußte Augustinus in den Büchern 15 bis 18 seines Hauptwerkes *De civitate Dei* (Über den Gottesstaat).

Die Kirchengeschichte

Dieses Unternehmen war es vor allem, das Eusebs Ruhm bis in die Gegenwart begründete und mit seinem Namen verknüpft blieb. Da allein Euseb sich die Mühe gemacht hatte, Archive und Bibliotheken nach Material über die ersten drei Jahrhunderte der kirchengeschichtlichen Entwicklung zu durchforsten, blieb sein kirchengeschichtliches Werk bis in unsere Zeit als Materialfundgrube von unschätzbarem Wert und bestimmte entscheidend Darstellung und Beurteilung der frühen Kirchengeschichte. Es sei nur daran erinnert, wie stark und wie lange das Origenesbild durch die Darstellung in Eusebs Kirchengeschichte geprägt war. Viele der Werke, die Euseb kannte und aus denen er zitierte, viele der Ereignisse, die er erwähnte, viele der Personen, die er nannte, fanden später – und das gilt für uns erst recht – nur in seinem Werk ihren Beleg. Wir wüßten sonst gar nichts von ihnen. Nur zu einem Teil können wir Euseb mit Hilfe erhaltener Werke, Urkunden oder anderer Informationen kontrollieren und korrigieren. Sein Werk hat also für jeden, der sich mit der frühen Kirchengeschichte beschäftigt, einen hohen Wert. Euseb war sich selbst durchaus dieser seiner besonderen Rolle bewußt, wie aus dem oben auf Seite 69 gegebenen Zitat hervorgeht. Denn schon zu seiner Zeit war es sehr schwer, das notwendige Material zu sammeln. Er sagt es selbst an einer Stelle seiner Kirchengeschichte: »Sollten wir auch nicht die Nachfolger aller Apostel unseres Erlösers überliefern können, so sind wir schon zufrieden, die Nachfolger der berühmtesten Apostel in den noch heute angesehenen Kirchen erwähnen zu können.«[266]

Die Aufgabe des Historikers muß es deshalb sein, Konzeption, Zielstellungen, Beurteilungskriterien, Quellenverwertung des Werkes herauszuarbeiten. Es gibt eine Reihe sehr gründlicher neuerer Untersuchungen[267]. Der

Text ist von Eduard Schwartz meisterhaft ediert.[268] Ein ausführlicher und der Bedeutung dieses Werkes entsprechender Kommentar aber steht noch aus.

Mit der Kirchengeschichte, die Euseb als historiographisches Genos geschaffen hat, sowie mit der literarischen Gattung der christlichen Heiligenleben entstanden neue historiographische Formen, die sich deutlich von aller antiken Geschichtsschreibung und Biographie unterschieden und von großer prägender Wirkung auf Art und Form der Geschichtsschreibung bis in unsere Zeit waren. »Bereits früher«, schreibt Euseb, »habe ich in meiner Chronik einen Auszug der Kirchengeschichte gegeben; nunmehr aber habe ich mich entschlossen, eine ausführliche Geschichte zu schreiben.«[269] Er will also mit dem neuen Werk keine Fortsetzung der Methode der Chronographie bieten und setzt es von der Chronik ab, ohne einen grundsätzlichen Unterschied festzustellen. Ausführlicher soll dieses neue Werk sein, denn in der Chronik waren die Notizen notgedrungen kurz und gestrafft. Aber das ist nicht der einzige Unterschied: War dort der chronologische Aspekt vorherrschend, so bestimmen hier Leitprinzipien inhaltlicher Art Stoffauswahl, Beurteilung und Darstellungsablauf. Aus dem auf Seite 66 gebotenen Zitat geht hervor, daß er »in historischer Darstellung ein Ganzes« geben möchte. Die hier verwendeten griechischen Begriffe zeigen, daß nicht eine Stoffsammlung, sondern ein Geschichtswerk sein Ziel war.[270]

Euseb gibt gleich im ersten Satz das Generalthema an: »Die Nachfolgen (diadochai) der heiligen Apostel ... habe ich mir vorgenommen, in einer Schrift abzuhandeln.« Der in Klammern gesetzte griechische Begriff wird vielfach mit »Nachfolger« im Sinne von »Bischöfe« übersetzt. Diese Bedeutung ist aber nur zum Teil richtig. Hätte Euseb allein sie im Auge gehabt, hätte es andere Ausdrucksmöglichkeiten gegeben. Gemeint ist zuallererst die unversehrte Überlieferung der Lehre der Apostel. Das war die eigentliche Aufgabe aller Nachfolger der Apostel, also der Bischöfe. Es ist interessant, daß die gesamte handschriftliche Überlieferung in einem Zitat aus einer Schrift des Eirenaios statt des Wortes diadochē (Nachfolge) den Begriff didachē (Lehre) verwendet.[271]

Etwas Vorgegebenes und letztlich Unveränderliches sollte im Laufe der Entwicklung bewahrt werden. Ein solcher Grundfaktor der Kirchengeschichte ist aber »keine geschichtliche Größe«, wie Heinrich Kraft sagt.[272] Das tragende Prinzip der Darstellung ist also statischen Charakters. Insofern war etwas Neues in der Historiographie erreicht; denn die antike Geschichtsschreibung kannte ein solches gleichbleibendes Prinzip nicht. Sie stellte Entwicklung dar und wollte deren Ursachen klären. Für Euseb aber stand etwas, das er als unveränderlich betrachtete, zwar in der Zeit, war aber selbst nicht den Zeitgesetzen, der Entwicklung und dem Wandel unterworfen. Von hier erklärt sich von selbst vieles in der modernen Debatte, ob nun bei Euseb wirkliche Geschichtsschreibung vorliege und wie man sein Unternehmen eigentlich bezeichnen solle. Euseb meinte wirkliche Geschichtsschreibung, konnte aber von seinem Grundprinzip aus nicht sehr weit über den Charakter von Chronologie und Stoffansammlung hinauskommen.

Dem entspricht es, daß er keine Möglichkeit fand, die Lehrabweichungen historisch zu klären. Er deutete sie als Neuerungen. Damit waren sie verwerflich. Schon auf Seite 75f. wurde gezeigt, daß er unter anderem auf Hegesipps Vorstellung der ursprünglichen Reinheit der Kirche fußte. Er zitiert die entsprechenden Passagen ausführlich.[273] Außerdem beruft er sich auf den Apologeten Justinos[274] und auf Eirenaios[275]. Die Angriffe der Gnostiker, der Teufelswerkzeuge, seien aber Mitte des 2. Jh. überwunden gewesen.[276] Das ist eine zwar erbauliche, aber völlig unhistorische Vorstellung.

Der charakterisierten Grundlinie entsprechen die großen Leitthemen der Darstellung, die Euseb gleich zu Beginn des Werkes aufzählt,[277] die großen Ereignisse der Kirchengeschichte, die Bischofsreihen der großen Bischofssitze, die Theologen (»über alle jene, die in jeder Generation durch Worte oder Schriften Dienst als Boten des göttlichen Wortes taten«),[278] die Häretiker, das Ergehen der Juden nach Jesu Tod, die Angriffe der Heiden, die Märtyrer und Bekenner. Eine eigenständige und mutige Tat war die Aufnahme der Theologen neben den Bischöfen als einen Grundfaktor der Kirchengeschichte.

Euseb hat mehrere Auflagen seiner Kirchengeschichte erarbeitet.[279] Durch die großen Ereignisse der Verfolgung und der Anerkennung des Christentums entwickelte und erweiterte sich seine Konzeption im Laufe der Jahre.[280] Die Mehrzahl der genannten Hauptthemen ist uns aber bereits aus der Chronik bekannt. Und das Leitprinzip der »Nachfolgen« war von Anfang an da. Euseb hat eine Entwicklung durchgemacht; das belegt seine gesamte Schriftstellerei. Doch zeigt sie eben auch, daß er seiner Grundlinie treu blieb und Themen seiner frühen Zeit immer wieder aufnahm und ihre Durchführung verbesserte, ohne jedoch die Grundposition zu ändern. Eusebs geschichtstheoretische Grundlagen sollen im folgenden Paragraphen geschlossen betrachtet werden, da sie für seine gesamte Arbeit bestimmend waren.

Letztlich schrieb Euseb seine Kirchengeschichte nicht aus der Neugier heraus, die wissen will, wie die Entwicklung nun wirklich war oder warum sie so und nicht anders verlief. Man hat vielmehr den Eindruck, daß feststehende theologische Konzeptionen mit Material unterbaut werden. Dazu kommt noch, daß Euseb seine Darstellung in einem der eigentlichen Historiographie unzugänglichen

Gebiet beginnt: »Wie gesagt, will ich in meiner Schrift mit dem als übermenschlich erkannten Wirken Christi und seinem göttlichen Wesen beginnen. Wer die Geschichte der kirchlichen Lehre schriftlich darlegen will, muß wohl schon, da wir ja gewürdigt worden sind, uns nach ihm zu benennen, mit dem ersten göttlichen, der Masse unfaßbaren Wirken Christi anfangen«, und das liegt in der Zeit vor der Schöpfung.[281] Die Entwicklung führte zum schließlichen Sieg.

Dieser Sieg wird im zehnten und letzten, nach dem Jahr 313 entstandenen Buch beschrieben. Die Kräfteverhältnisse waren nach dieser Betrachtungsweise von Anfang an so, daß der Sieg kommen mußte: »Er allein nahm sich unseres tiefen Elendes an, er allein trug unsere Leiden, er allein lud auf sich die Strafen für unsere Gottlosigkeiten. Und da wir nicht halbtot waren, sondern faul ganz und gar riechend bereits in Grüften und Gräbern lagen, hob er uns auf und heilte uns, jetzt wie in alter Zeit, in seiner liebenden Sorge für die Menschen wider jedermanns und sogar wider unser eigenes Hoffen und gab uns in Fülle Anteil an den Gütern des Vaters ... Jetzt ... ist der Engel des großen Rates, der große Heerführer Gottes, plötzlich wiederum von neuem erschienen und vertilgte und vernichtete seine Feinde und Widersacher so völlig, daß es schien, als wäre ihr Name nie genannt worden. Seine Freunde und Vertrauten aber erhob er vor allen, nicht nur vor Menschen, sondern auch vor den himmlischen Mächten, vor Sonne, Mond, Sternen, vor dem gesamten Himmel und der gesamten Erde über alle Herrlichkeit.«[282]

Das ist eine Darstellung auf mythischer Ebene, die wohl historisch zu konkretisieren, aber eigentlich nicht zu fassen und zu erklären ist. Da der Sieg nie ernstlich gefährdet ist, fehlt die Spannung in der Darstellung.

Von entscheidenden Grundsätzen der antiken Historiographie, also der Bevorzugung von politischen Ereignissen und Kriegsgeschehen, überhaupt von Aktionen und Bewegung sowie von Vaterlandsliebe, setzte sich Euseb ausdrücklich ab. Er vertrat bewußt neue Konzeptionen: »Während unsere Geschichtsschreiber auf jeden Fall über militärische Siege, über Erfolge im Felde, über große Taten der Feldherren und über die Tapferkeit der Soldaten schrieben, welche sich aus Liebe zu ihren Kindern, ihrem Vaterlande und ihren sonstigen Gütern mit Blut und tausenderlei Mordtaten befleckt haben, will meine Geschichte über den Staat Gottes den friedlichen Kampf für den Seelenfrieden und mehr die Kämpfer für Wahrheit und Glauben als die Kämpfer für Vaterland und Freunde in ewigen Lettern aufschreiben, indem sie die Standhaftigkeit und die große männliche Ausdauer der Glaubensstreiter, ihre Triumphe über die Dämonen, ihre Erfolge über die unsichtbaren Widersacher und endlich ihre Siegeskronen zur ewigen Erinnerung verkündet.«[283] Das sind neue Prinzipien von weitreichender Bedeutung.

Das antike historiographische Prinzip der Wahrheit übernahm er zwar, doch stellte er es in eine ganz andere Dimension als seine heidnischen Vorgänger: »Zuvor aber wollen wir Gott, den Vater des Logos, und unseren sich offenbarenden Erlöser und Herrn Jesus Christus, den himmlischen Logos Gottes, anrufen, daß er uns helfe und beistehe zur wahrheitsgetreuen Erzählung.«[284]

Objekt kirchengeschichtlicher Darstellung war für Euseb das Gottesvolk.[285] Dieses Volk sei überall auf der Erde verteilt und nicht an eine Nation gebunden. »Wer hat ein Volk«, so fragt er, »von dem man nie zuvor etwas gehört hatte, nicht in einem verborgenen Winkel der Erde, sondern über den ganzen Erdenkreis, soweit die Sonne scheint, geschaffen? ... Welcher König ist so stark und befehligt nach dem Tod noch ein Heer und errichtet Siegeszeichen wider die Feinde und füllt bei Griechen und Barbaren jeden Ort, Dorf wie Stadt, mit den Weihegaben seiner königlichen Paläste und göttlichen Tempel an, wie wir es in den kostbaren Schätzen und Gaben dieses Heiligtums sehen?«[286]

Nicht nur in konzeptioneller, sondern auch in methodischer Hinsicht ging Euseb in seiner Kirchengeschichte neue Wege. Das chronologische Gerüst für die Darstellung lieferten ihm Bischofs- und Kaiserdaten.[287] So waren auch schon die entsprechenden Abschnitte der Chronik angelegt.

Umfangreiche literaturgeschichtliche Schriftenkataloge und Inhaltsangaben sind dem Werk eingefügt. Hier wird die große Bedeutung, die Euseb der theologischen Schriftstellerei beimaß, augenfällig. Dabei äußert er sich sachkundig zu Fragen der Echtheit der Schriften oder ihrer Bedeutung. Einige besonders wertvolle Kataloge seien hier genannt: die Werke des jüdischen Theologen und Philosophen Philon von Alexandreia[288], des Apologeten Meliton von Sardes[289], des Klemens von Alexandreia[290], des Hippolyt[291], des Origenes[292]. Wichtige Informationen über uns nicht oder nur fragmentarisch erhaltene Schriften sind uns damit gegeben. In der griechischen Kirchengeschichtsschreibung behielt man diese Methode bei. Im lateinischsprachigen Bereich entstand dagegen eine von der Geschichtsschreibung getrennte eigenständige christliche Literaturgeschichte, die von Hieronymus geschaffen wurde.[293]

Der sichtbarste Unterschied zur antiken Historiographie aber ist das Fehlen von Reden. Die antike Geschichtsschreibung hatte diese vom Schriftsteller selbst komponierten Reden aus der epischen Tradition als ein sehr wichtiges Stilmittel übernommen und es unter dem Einfluß der Rhetorik zu großer Vollkommenheit verfeinert. Auf diese Ausdrucksmittel eigener Geschichtsdeutung sowie Glanzstücke eigenen Könnens wollte keiner der Historiker verzichten. Die Reden wurden »nicht als juristisches Beweismittel oder aktenmäßiger Beleg, sondern als historisch-politischer Faktor, als reales dynamisches Element der Geschichte« verstanden.[294]

Nur in Ausnahmefällen zitierten antike Historiker Urkunden wörtlich, so zum Beispiel Thukydides, Polybios, Alexander Polyhistor, Diogenes. In der alttestamentlichen Geschichtsschreibung und bei den jüdischen Historikern dagegen war die Quellendokumentation, also das wörtliche Zitieren von Urkunden, Briefen, Schriften, üblich. Diesem Vorbild folgten christliche Schriftsteller und eben auch Euseb. Er wandte diese Methode nicht nur in seinen apologetischen Schriften, sondern auch in seiner Kirchengeschichte und sogar in einem rhetorischen Werk wie *De Vita Constantini* (Über das Leben Konstantins) an. Bei Juden wie Christen hatte das gesprochene und geschriebene Wort sowieso einen ganz anderen Rang, da ja das Wort der Offenbarung in den Büchern der Bibel niedergelegt war.[295]

Wenn die Meinung vertreten wurde, Euseb sei Opfer seiner Sammeltätigkeit geworden und habe in seiner Kirchengeschichte stellenweise einfach Material zusammengestellt, ohne es eigentlich zu verarbeiten, so widerspricht dem sowohl seine aus seinem sonstigen literarischen Schaffen zu erhebende Methode wie auch das bisher über die Anlage seiner Kirchengeschichte Gesagte. Man muß davon ausgehen, daß die Übernahme eines jeden Zitats genau überlegt und einem großen Plan eingefügt war. So ist von dem heutigen Leser an jeder Stelle die Frage zu stellen, aus welchem Grunde Euseb gerade diese Auswahl, dieses Exzerpt, diese Akzentuierung wählte. Denn wenn ihm auch Hilfskräfte zur Verfügung standen, die die Zitate abschrieben, so wachte er doch genau über deren Auswahl und Begrenzung. Zudem hat er dieses wie auch andere seiner Werke mehrmals überprüft, in mehreren

Ausgaben vorgelegt, überarbeitet, verbessert und konkretisiert. Er war ein sehr gewissenhafter Arbeiter.

Wenn man die wichtigsten Unterschiede zur antiken Geschichtsschreibung noch einmal zusammenfaßt, so sind zu nennen: das Leitprinzip, das nicht den historischen Entwicklungsgesetzen unterworfen ist; die Zielstellungen, die zu einem Teil nicht der Geschichtsschreibung, sondern Theologie und Apologetik entspringen; die Vernachlässigung der Eleganz des Stiles und des rhetorischen Ausdrucks, alles dessen, was den Glanz einer antiken Geschichtsdarstellung ausmachte; im Zusammenhang damit das Fehlen der Redenkompositionen als historiographisches Ausdrucksmittel; die Aufnahme von umfangreichen Zitaten aus Urkunden, Schriften und Briefen; der Bericht über Vergangenes, das mit eigener Forschung in Archiven belegt wird, wogegen der Augenschein durch Reisen – ein sehr wichtiger Aspekt der antiken Geschichtsschreibung – in den Hintergrund tritt.

Eusebs Kirchengeschichte wirkte nicht nur im griechischen Sprachraum. Sie wurde ins Syrische, Armenische und Koptische übertragen.[296] Die Wirkung im lateinischen Bereich war durch die Übersetzung des Rufinus ins Lateinische bestimmt. Die Dokumentation in unseren modernen Geschichtswerken geht letztlich auf dem Wege dieser Vermittlung auf Eusebs Methode zurück.

Über Inhalt und Aufbau sind noch einige Bemerkungen zu machen. Hier hat Vincent Twomey eine sehr gründliche Analyse vorgelegt[297] und auch die Überarbeitungen und Interpolationen herausgearbeitet. Dabei ist das zu beachten, was von uns oben und in der Zeittafel über die Redaktionsstufen dargelegt ist.

Im ersten Buch handelt Euseb nach Ausführungen über die Gottheit Jesu und die Weissagungen bei den Propheten[298] über Jesu Leben. Er verwertet hier alle ihm bekannten Zeugnisse, also die Evangelien und nichtchristliche

Historiker. Damit liefert er den ersten Beitrag zu einem kritischen historischen Bericht über das Leben Jesu[299]. Die Bücher 2 bis 5 sind dann der frühen Geschichte der Kirche gewidmet. Den Tenor dieses Berichtes faßt er an einer Stelle so zusammen: »Die Lehre unseres Erlösers und seine Kirche blühten täglich mehr auf und machten immer größere Fortschritte. Die Juden aber gerieten durch stets neue Unglücksfälle in immer größere Not.«[300] Das war ja bereits ein Aspekt, der uns in Eusebs Chronik begegnete. Er berichtet über das Schicksal der Juden nicht schadenfroh, aber mit der Tendenz, »damit die Leser dieser Geschichte aus einem Ausschnitt ersehen, daß die Strafe Gottes für die Frevel an dem Gesalbten Gottes sie gar bald erreichte«[301].

Ein großer Teil des sechsten Buches ist Origenes gewidmet. In solch ausführlicher Weise ist kein anderer der Theologen und Bischöfe von Euseb gewürdigt worden. Allerdings hat er auch das Origenesbild bis in die Gegenwart in sehr eigenwilliger Weise geprägt. »Wollte es jemand unternehmen, das Leben dieses Mannes in Muße zu beschreiben, dann hätte er viel zu sagen, und die Darstellung würde ein eigenes Werk erfordern... Das Leben des Origenes scheint mir sozusagen schon von den Windeln an erwähnenswert zu sein.«[302]

Mit dem achten Buch beginnt die Schilderung der großen Zäsur, der Verfolgung unter Diokletian und Galerius. Man erkennt hier deutlich, von welch prägender Kraft dieser Schock auf das Geschichtsbild Eusebs war. »Es übersteigt unsere Kräfte, in würdiger Weise die Größe und Art der Ehre und Freiheit zu schildern, die das durch Christus der Welt verkündete Wort der Frömmigkeit gegenüber dem Gott des Alls vor der Verfolgung unserer Tage bei allen Menschen, Griechen wie Barbaren, genossen hat. .. Da aber infolge zu großer Freiheit unser Sinn zu Stolz und Lässigkeit sich kehrte, indem der eine den anderen beneidete und beschimpfte und wir uns, wenn es sich so traf, im Wortstreit beinahe wie mit Schwert und Speer bekämpften, Vorsteher mit Vorstehern zusammenstießen und Laien gegen Laien sich erhoben, unaussprechliche Heuchelei und Verstellung den höchsten Grad ihrer Bosheit erreichten, da begann das göttliche Strafgericht in der ihm eigenen schonenden Weise ... ruhig und gelinde seines Aufsichtsamtes zu walten.«[303] Die Verfolger erhielten dann allerdings ihre gerechte Strafe. Das Ende dieser Kaiser wird ausführlich beschrieben. Aus dem gegebenen Zitat läßt sich erkennen, daß Euseb von seiner Grundhaltung her den arianischen Streitigkeiten, die nach der Anerkennung des Christentums ausbrachen, mit großen Vorbehalten gegenüberstehen mußte.

Das neunte Buch berichtet dann, daß nach dem Edikt des Kaisers Galerius (311) im Osten noch keine Ruhe für die Christen eintrat, sondern die Verfolgung anhielt. Es endet aber mit dem Sieg: »Nachdem so die Gottlosen ausgetilgt, verblieb Konstantin und Licinius allein die ihnen gebührende Herrschaft in festem und unangefochtenem Besitze. Eingedenk der ihnen von Gott gespendeten Wohltaten, säuberten sie vor allem die Welt von der Feindschaft gegen Gott und bekundeten ihre Liebe zur Tugend und zu Gott und ihre Frömmigkeit und Dankbarkeit gegen Gott durch ihre Gesetzgebung zugunsten der Christen.«[304]

Der Abfall des Licinius und der schließliche Sieg Konstantins sind das Thema des zehnten Bandes. Darauf wird noch im folgenden einzugehen sein.

Geschichtstheoretische Grundlagen[305]

Zu ihrer Herausarbeitung verhelfen uns neben den beiden schon genannten historiographischen Hauptwerken vor allem die *Praeparatio evangelica* und die *Demonstratio evangelica.* Hier klärte Euseb einige seiner Positionen.

Eusebs Geschichtsverständnis erwuchs aus seinem theologischen System. Dieses war zu einem großen Teil von Origenes beeinflußt, wenn es auch der Eigenständigkeit nicht entbehrte, wie schon auf Seite 32 und 41 hervorgehoben wurde. Das betrifft vor allem alles Historische. Die von Euseb aus der Philosophie übernommene Logos- (= Wort, Vernunft, Ausdruck) Vorstellung für Christus war in der vorhergehenden theologischen Entwicklung schon fest verankert.[306] Wir können diesen Vorlauf hier nicht darstellen, sondern müssen uns auf eine ganz knappe Skizze dessen beschränken, was Euseb in der *Demonstratio* zu diesem Thema darlegt.

Namentlich das 4. Buch dieser Schrift ist für uns von Interesse, weil in ihm Euseb die beiden Seiten seines Christusbildes herausarbeitet, die die Grundlage seiner universalhistorischen Sicht bilden. Er faßt die Ergebnisse an einer Stelle mit den folgenden Worten zusammen: »Der unvergleichliche und jenseitige Christus. Wir definieren ihn als einziggeborenen Sohn Gottes, den wesenhaften Logos Gottes, den zweiten Urheber alles Bestehenden, das erkennbare Sein, die erstgeborene tugendliche Natur Gottes, die göttliche und ganz tugendhafte Macht, die vor allem Sterblichen existierte, das erkennbare Abbild der ungeschaffenen Natur. – Der uns verwandte und vertrautere Christus. Wir definieren ihn wiederum als Gottes Logos, der in menschlicher Gestalt von der frommen Verehrung des Vaters berichtete, der einst früher in Gestalt eines Menschen den Gottesgläubigen um Abraham, jenen berühmten Ethnarchen, erschienen war und von dem wiederum vorhergesagt war, daß er unter den Menschen erscheinen werde durch eine menschliche Geburt und in Gleichheit mit uns im Fleisch, und daß er sich in Schmachvollstes fügen werde.«[307]

An anderer Stelle faßt Euseb in fünf Punkten die Erlösertätigkeit des Logos zusammen: »1. damit er über Lebende und Tote herrsche (Römerbrief 14,9); 2. um die Sünde abzuwischen; 3. um ein Opfer für die gesamte Welt (Kosmos) zu werden; 4. um die Wirkung der Dämonen zu brechen; 5. um denen, die ihn erkennen, seinen Schülern, die Hoffnung auf ein Leben bei Gott nach dem Tode zu geben.«[308] Twomey kommt nach einem Vergleich der Haltung Eusebs mit der des Athanasios zu dem Urteil, daß bei Euseb das Kreuz als Hilfsfaktor keine Rolle spiele.[309] In der syrischen Theophanie äußert sich Euseb in längerem Zusammenhang über die Notwendigkeit von Tod und Auferstehung Christi,[310] wobei deutlich wird, daß Leiden, Tod und Auferstehung Christi sich nur sehr schwer in sein System einfügen. Eine wirkliche Heilsfunktion wird Jesu Tod am Kreuz, wie schon bei Origenes, nicht zuerkannt. »Denn zwei (Dinge) blieben übrig beim Ende: entweder das Ganze dem Verderben und dem Untergange preiszugeben und den schimpflichsten (Lebens)ausgang des ganzen Kampfes zu veranstalten, oder sich besser als den Tod zu zeigen und mit göttlicher Kraft das Sterbliche unsterblich hinzustellen.«[311] »Durch den Kampf mit dem Tode aber wie mit einem Ringkämpfer stellte er das Sterbliche als unsterblich hin, nachdem er den letzten Kampf für die Erlösung und die Unsterblichkeit aller aufgenommen hatte.«[312]

Auf der anderen Seite geht aber aus den gegebenen Zitaten auch hervor, daß das Grundanliegen Eusebs soteriologischer Natur, das heißt auf die Erlösung ausgerichtet war und daß man ihn gröblich mißverstehen würde, wollte man ihn vor allem von kosmologischen Spekulationen aus interpretieren.

Euseb verwendet den Begriff der Oikonomia, also des großen, alles umfassenden Heilsplanes Gottes: Nach diesem Plan hat sich alles entwickelt. Und dieser Plan ist für jeden, der den Logos erkennt, einsichtig. Liegt also der gesamten Entwicklung ein solcher Plan zugrunde, dann ist die Geschichte nicht mehr ein rätselhaftes, undurchschaubares und vielleicht sogar sinnloses Aneinanderreihen von Geschehnissen; vielmehr ist der Schlüssel zu ihrem Verständnis vorhanden. Eine solche Sicht ist eindrucksvoll. Die Geschichte hat hier ihren ganz festen Sinn und ihre theologische Bedeutung. Ist aber der göttliche Logos, ein Begriff, der auch die Vernunft beinhaltet, das Gestaltungsprinzip der Geschichte, dann geht ihre Entwicklung vernunftgemäß vor sich und kann auch durch die Vernunft erkannt und erklärt werden.

Der Logos nämlich stellte die der Erkenntnis fähigen und vernunftbegabten Wesen an die Spitze der gesamten Schöpfung, den Menschen aber machte er zum Herrn über alle Lebewesen auf der Erde und gab ihm einen freien und unabhängigen Willen, der sich sowohl zum Guten als auch zu dessen Gegenteil richten kann.[313]

Damit wird ein neuer, für den Ablauf der Geschichte und für die Interpretation der einzelnen geschichtlichen Aktionen wesentlicher Aspekt sichtbar. Denn die großen kosmischen und theologischen Dimensionen sind das eine, das andere und ganz Wesentliche für die Geschichtsentwicklung und für ihre Erklärung ist die Anthropologie, die Vorstellung vom Menschen, die der Historiker vertritt. Auch in den für sein Geschichtsverständnis entscheidenden anthropologischen Vorstellungen erweist sich Euseb von Origenes beeinflußt. Dieser hatte in seinem Werk *De principiis* (Über die Grundlagen) das umfangreiche dritte Buch der Frage des freien Willens, des

Verhältnisses von Mensch und Dämonen, der Schöpfung und der Vergänglichkeit der Welt gewidmet.

Das erste Kapitel dieses Buches behandelt die Frage nach dem freien Willen. Es ist die längste Abhandlung über dieses Problem, die uns aus der Antike überliefert ist. So hat sie auch bei den Nachfolgenden die größte Bedeutung gehabt. Euseb selbst reproduziert sie nicht, doch fußt er sicher auf dem hier Erreichten. Origenes setzt sich mit philosophischen Lösungsversuchen, die aus der Richtung der Stoa und der Gnosis kamen, auseinander und wendet sich scharf gegen deren Tendenz zum Fatalismus. Er argumentiert dabei teils philosophisch, teils bibelexegetisch. Zwar könne der Mensch nicht Einfluß auf die von außen an ihn herankommenden Ereignisse und Intentionen nehmen, doch habe er als ein vernünftiges Wesen die Möglichkeit der moralischen Entscheidung zwischen Gut und Böse. Er könne sich mit Hilfe seiner Vernunft entscheiden, ob er sich die Intentionen zu eigen mache oder sie ablehne. Schwierigkeiten scheinen einige Bibelstellen solcher Interpretation zu bereiten, so 2. Mose 4–7 über die Verhärtung des Herzens des Pharao durch Gott oder Ezechiel 11,19f., wo Gott es ist, der die Wandlung im Herzen bewirkt. Im Philipperbrief 2,13 aber heiße es, daß Wille und Handeln von Gott kommen. Damit sei die Möglichkeit zum Wollen und Handeln gemeint, die aber der Mensch in seiner Weise anwenden müsse.[314]

Die Entscheidungsfreiheit hat zur Folge, daß derjenige, der sich für das Schlechte entscheidet, ganz verwerflich ist. Er handelt ja aus eigenem Willen, denn er besitzt die Möglichkeit, das Gute zu erkennen, das Schlechte abzulehnen. Die Erkenntnis des richtigen Weges ist ihm möglich.

Wird diese Konstruktion nun von der moralischen Ebene auf die historische übertragen, muß notgedrungen ein Schwarz-Weiß-Bild entstehen. »Denn wenn der Name Christ sagen will, daß der Christ sich infolge der

Erkenntnis Christi, infolge seiner Lehre durch Besonnenheit und Gerechtigkeit, durch standhaftes Leben und tapfere Rechtschaffenheit sowie durch das fromme Bekenntnis des einen und einzigen, über alle herrschenden Gottes hervortun soll...«, sagt Euseb im Beginn seiner kirchengeschichtlichen Darstellung.[315] Damit liegt der Maßstab für die Beurteilung des Geschichtsablaufs fest. Die einen sind demnach die positiven Helden, so zum Beispiel Abraham: »Da er den Götzendienst und die Verkehrtheit seiner Ahnen verlassen hatte, den einzigen, allmächtigen Gott bekannte und ihn mit Werken der Tugend ... verehrte, war er durch den Glauben an den ihm erschienenen Logos Gottes, den Christus, gerechtfertigt.«[316] Die anderen sind ihrem selbstverschuldeten Untergang geweiht, so zum Beispiel Kaiser Licinius: »Da er weder selbst Zucht annahm noch durch die Strafen von Nebenmenschen sich zur Besinnung bringen ließ, sondern wie jene den Weg der Gottlosigkeit wandelte, wurde er mit Recht gleich ihnen in den Abgrund gestürzt.«[317]

Mit der Entscheidungsfreiheit des Menschen war aber eigentlich nur ein Teil des Problems angesprochen und gelöst, daß nämlich die Geschichte so undurchsichtig, unerklärbar und wenig vorausschaubar ist. In der antiken Tradition hatte man schon viele Aspekte des Unvorhersehbaren, des Unkontrollierbaren, der Entwicklungsfaktoren, die außerhalb aller erkennbaren Kausalketten liegen, des unaufhaltsamen Verderbens, dem ein Mensch unterworfen ist, erörtert, dargestellt und zu lösen versucht. Die Problematik bezieht sich ja nicht nur auf die Geschichte oder gar die Geschichtsschreibung, sondern auf das Leben jedes einzelnen Menschen und jeder menschlichen Gemeinschaft. Dichter und Philosophen hatten sich damit beschäftigt; Historiker versuchten, jeder auf seine Weise, solche Theorien auf den darzustellenden Geschichtsablauf zu übertragen.

Zentrale Begriffe und Lösungsangebote waren die des Schicksals im Sinne der Fügung, unterschieden von dem Schicksal im Sinne des leeren Zufalls. Es war der Glaube an Wunder, Träume, Orakel, Vorzeichen, astrologische Vorherbestimmungen. Aristoteles hatte die Begriffe der Fügung (tychē) und des Zufalls (autómaton) geklärt: »Offenbar kann man die Fügung demnach so definieren: sie ist der im Bereich möglicher Gegenstände des Zweckbewußtseins auftretende, aus bloßen zusätzlichen Umständen bestehende Grund zweckmäßiger Resultate. Darum kann eines und dasselbe ein Ergebnis des (planenden) Denkens, aber auch bloßer Fügung sein. Denn ohne (planendes) Denken ist Zweckbewußtsein nicht denkbar.«[318] »Beide, die bloße Fügung wie der blinde Zufall, sind ... Gründe, die nur aus bloß zusätzlichen Umständen bestehen; sie haben ihren Ort in dem Bereich, in dem ein nichtstriktes und aus der Regel fallendes Geschehen möglich ist, und sie fungieren als Grund zweckmäßiger Geschehnisse.«[319] Fügung sei der engere Begriff und könne sich nur auf diejenigen beziehen, die des Handelns fähig sind.[320] Die Christen fanden also in ihrer Welt eine Fülle komplizierter Modelle und eine vorgeprägte Terminologie vor, die sie von ihrem neuen Ausgangspunkt, ihrem christlichen Glaubensbekenntnis her, durchbrachen oder veränderten. Euseb hat sich den für die Geschichtstheorie wichtigen Problemen fallweise in seinen Schriften gewidmet. Wir wollen seiner Gedankenführung im sechsten Buch der *Praeparatio evangelica* folgen, da seine Ausführungen hier am umfassendsten sind.

Bereits im fünften Buch hatte Euseb in ausführlichen Zitaten antike Autoren gegen den Orakelglauben ins Feld geführt. Nun wendet er sich gegen den Fatalismus[321], genauer gesagt, gegen die Vorherbestimmung der Zukunft durch die Beobachtung der Gestirne. Ein großer Teil des Buches besteht wiederum aus Zitaten aus Werken von

Philosophen zu diesem Thema und aus dem Kommentar des Origenes zum 1. Buch Mose.

Der freie Wille ist das Zentralstück der Argumentation Eusebs. Es gelte, die Freiheit und Eigenständigkeit unserer logischen und vernünftigen Natur zu erkennen.[322] Die Spannungen seien im Menschen begründet, denn er sei nichts Einheitliches, vielmehr sei er aus zwei entgegengesetzten Dingen zusammengesetzt, nämlich aus dem Körper und der Seele. Die Seele sei gemäß ihrer Natur verständig und vernunftbegabt. Sie habe aber ihren Platz in einem seiner Natur nach kindischen Körper. Im Menschen verbänden sich also das Vernünftige und das Unvernünftige, das Vergängliche und das Unvergängliche, das Sterbliche und das Unsterbliche. Aus dieser Vermischung von Gegensätzlichem resultiere, daß der Mensch zugleich Sklave und Freier sei.[323] Natürlich gebe es große Spannungen zwischen Seele und Körper. Der Verstand lasse sich dabei oftmals vom Körper leiten, zum Beispiel im Alter oder bei sexuellen Verlockungen, gebe allerdings nicht immer dem Körper nach.[324]

So sei der freie Wille den größten Belastungen und Spannungen ausgesetzt, nicht nur solchen, die dem Menschen eigen sind oder die aus dem Kampf zwischen Seele und Körper entstehen, sondern auch solchen Belastungen und Verlockungen, die von außen an ihn herankommen. Euseb verwendet hier einen Begriff der griechischen Philosophen (ta symbebēkota) in durchaus eigenständigem Sinn.[325]

Die Möglichkeit, hier – in dem, was von außen an den Menschen herangetragen wird – den Raum für das Schicksal und alle damit verbundenen heidnischen Vorstellungen und Gebräuche zu sehen, wehrt Euseb mit der Feststellung ab, daß auch das an den Menschen von außen Herankommende nach den Satzungen der wahren Religion, also des Christentums, auf die Fürsorge und den

Willen Gottes zurückzuführen sei.[326] Sie herrsche für uns vielfach unerfindlich, sorge aber für die notwendige Ordnung.[327]

Hier erhebe sich aber die Frage, ob Gott, dem Schöpfer des Alls, etwa auch die Urheberschaft des Bösen zugeschrieben werden könne.[328] Weder das treffe zu, noch sei Gott etwa mit dem Schicksal zu identifizieren. Die Wurzel des Bösen sei einzig und allein in der Möglichkeit des eigenen freien Entschlusses der Seele zu finden. Diese Eigenständigkeit sei ein Geschenk Gottes. Doch habe er dem Menschen durch das Gesetz den rechten Weg gezeigt. Dieses göttliche Gesetz sei die Richtschnur. Euseb übernimmt hier aus 4. Mose 20,17 den Begriff der Königsstraße. Die Israeliten sagen an dieser Stelle zu den Edomitern: »Auf der Königsstraße wollen wir ziehen, ohne nach rechts und nach links abzubiegen, bis wir dein Gebiet durchzogen haben.« Das Böse entstehe nun – so Euseb –, wenn die Seele ihre eigene Herrin sein wolle und, ihrer eigenen Meinung folgend, den Weg einschlage, der ihrer Natur widerspreche.[329]

Euseb wiederholt in seiner Argumentation wieder und wieder die gleichen Gedanken. Er behauptet auch mehr, als daß er überzeugt. Deutlich wird aber als Kernpunkt die freie Entscheidungsmöglichkeit des Menschen herausgestellt, die sich auch gegen seine Natur und seinen Schöpfer richten kann. Der freie Wille wird als ein Geschenk Gottes aufgefaßt, das dem Menschen die Möglichkeit geben soll, Erfolg zu haben und Lob zu erhalten, und das ihm die Verantwortung zuweist, wenn er das Schlechte wählt, obwohl er das Gute hätte ergreifen können.[330]

Das Problem des freien Willens hat die Theologen immer wieder beschäftigt. Erinnert sei nur an Augustins Deutung des Problems, die der des Euseb entgegengesetzt ist, oder an die Auseinandersetzung zwischen Luther und Erasmus. Eusebs Position hat die Spaltung des Menschen in zwei entgegengesetzte Naturen (Körper und Seele) zur Voraussetzung.

In diesem Zusammenhang hat Euseb nicht das von außen an den Menschen Herankommende analysiert. Das hat er an anderen Stellen öfters getan. Es sei hier besonders auf die *Demonstratio evangelica*[331] hingewiesen.

Er ist natürlich auch in dem oben erörterten Punkt von Origenes abhängig. Dieser hatte unter anderem in *De principiis* 1,5 dargelegt, daß längst vor der Schöpfung der Welt ein Teil der Engel von Gott abgefallen sei. Grund sei der Hochmut, das Wie-Gott-sein-Wollen, gewesen. Diese abgefallenen Geister, die Dämonen, und ihr Anführer, der Teufel, seien die Träger des Bösen in der Welt[332] und verleiteten die Menschen zum Götzendienst.

Der Großdämon mit seiner Gefolgschaft, den Dämonen – so führt nun Euseb aus –, sei als erster von Gott abgefallen. Aus Neid auf das Heil der Menschen hätten sie auf Mittel gesonnen, die Menschen zum Schlechten zu bewegen, zum Dienst an den Götzen, und hätten sogar der Gemeinde des Herrn mit der Verleumdung des Guten nachgestellt.[333] Überall fanden sie Menschen, die für ihren schlechten Rat aufnahmebereit und in freier Wahl zum Sturz in das Böse bereit waren.[334]

Zum Beweis argumentiert Euseb mit zwei Bibeltexten, die er gegen ihre verbale Aussage in seinem Sinn interpretiert. Bei der einen handelt es sich um einen Ausspruch, den der Prophet Jesaja dem König von Assyrien zuschreibt: »Ich hab's durch meiner Hände Kraft ausgerichtet und durch meine Weisheit, denn ich bin klug. Ich habe die Grenzen der Länder anders gesetzt und ihre Schätze geraubt und wie ein Stier die Bewohner zu Boden gestoßen. Meine Hand hat gefunden den Reichtum der Völker wie ein Vogelnest, und ich habe alle Länder zusammengerafft, wie man Eier sammelt, die verlassen sind; kein Flügel regte sich, und kein Schnabel sperrte sich auf und zirpte« (Jesaja 10,13f.). Die andere ist die Weissagung des Jesaja über den Sturz des Königs von Babylon, die Euseb auf den Teufel bezieht (Jesaja 14,12–15). Von Christus seien die Dämonen besiegt worden.[335]

Es sind also einerseits rationale, andererseits auch sehr mythische Vorstellungen, die Euseb bestimmten. Bei der Konkretisierung solcher Ideen im geschichtlichen Geschehen steht jedoch in seiner Kirchengeschichte der zweite Faktor deutlich im Vordergrund. Insofern hat Walter Nigg recht, der von einer mythischen Kirchengeschichtsschreibung Eusebs spricht.[336]

Nur einige wenige Beispiele sollen das beweisen. Der Dämon schadet einzelnen, bedeutenden Gerechten: »Die zahlreichen schlimmen Erlebnisse des Origenes während der Verfolgung, seine letzten Schicksale, welche ihm der böse Dämon bereitete, da er sich eifersüchtig mit ganzer Macht gegen ihn rüstete, mit aller List und Gewalt gegen ihn zu Felde zog und sich auf ihn mehr als auf alle seine damaligen Feinde stürzte...«[337]

Häresien seien vom Dämon ins Leben gerufen worden: »Während so die über den Erdkreis sich ausbreitenden Kirchen gleich herrlich glänzenden Gestirnen leuchteten und der Glaube an unseren Erlöser und Herrn Jesus Christus siegreich zu allen Völkern drang, nahm der dem Guten abholde Teufel als Feind der Wahrheit und ständiger bitterster Gegner der menschlichen Erlösung, im Kampfe gegen die Kirche alle möglichen Mittel ausnützend, nachdem er es früher mit äußeren Verfolgungen gegen sie versucht hatte, jetzt aber dieser Kampfmittel beraubt war, schlimme, trügerische Menschen als seelenvernichtende Werkzeuge und als Knechte des Verderbens in seine Dienste. Der Teufel ging neue Wege; nichts ließ er unversucht, falsche verführerische Männer sollten sich unseren christlichen Namen aneignen...«[338]

Der böse Dämon habe auch die Christenverfolgungen

hervorgerufen: »Als seinerzeit das ganze Menschengeschlecht durch den Betrug verderbenbringender Dämonen und das Wirken gottfeindlicher Geister in dunkler Nacht und tiefer Finsternis begraben war, da löste er [Christus] ein für allemal allein durch sein Erscheinen die festgeknüpften Bande unserer Sünden, wie wenn Wachs schmolz vor den Strahlen seines Lichtes. Ob so großer Gnade und Wohltat barst beinahe der neidische Dämon, der das Gute haßt und das Böse liebt, und führte seine gesamten tödlichen Kräfte gegen uns ins Feld. Nach Art eines wütenden Hundes, der mit den Zähnen die gegen ihn geschleuderten Steine angreift und seine Wut gegen die sich wehrenden Menschen an den leblosen Geschossen ausläßt, richtete er seinen tierischen Wahnsinn zuerst gegen die Steine unserer Bethäuser und das tote Material von Gebäuden und machte die Kirchen, wie er wenigstens selbst glaubte, zu öden Stätten. Sodann äußerte er sein schreckliches Fauchen und sein Schlangengezisch bald in Drohungen gottloser Tyrannen, bald in gotteslästerlichen Erlassen glaubensfeindlicher Herrscher, spie dazu seinen Tod aus, betörte die von ihm gefangenen Seelen mit unheilvollen und seelenverderbenden Giften, tötete sie, wenig fehlte, mit den todbringenden Opfern toter Götzen und hetzte jedes wilde Tier und jedes Ungeheuer in Menschengestalt gegen uns.«[339]

Eusebs theologisch-universalhistorische Konzeption

Es gab in der Antike keine einheitlichen Maßstäbe für das, was eine Universalgeschichte ausmachte. Erwartet wurde eine breite, materialreiche Darstellung[340]. Euseb läßt sich mit solchen Maßstäben nicht messen, da er sie einerseits durchbrach und ihnen andererseits nicht genügte. Aber auch die israelitische Vorstellung von der Weltgeschichte, von der er ja ganz wesentlich beeinflußt war, kopierte er in seiner universalhistorischen Konzeption nicht völlig.

Er bot eine Sicht, die die Entwicklung des gesamten Kosmos in eine theologische Ordnung im Sinne einer linearen Fortschrittsgeschichte brachte. Das war in dieser Form bis zu seiner Zeit noch nicht dagewesen. Seine Geschichtsvorstellung war dabei progressiv und von tiefem Sinn erfüllt. Die Dekadenzvorstellungen lateinischer Historiographen, wie zum Beispiel des Sallust und des Tacitus, kannte er nicht; er hätte ihnen auch keinen Geschmack abgewinnen können. Aber auch die in der jüdischen und christlichen Apokalyptik gewonnenen Modelle tangierten ihn nur wenig. Der Geschichtsprozeß hatte für ihn einen Anfang, Zäsuren, eine progressive Entwicklung, ein leitendes Prinzip.[341] Euseb übertrug dabei mit eigenen Nuancierungen das theologische System des Origenes[342] auf die geschichtliche Entwicklung, füllte es mit historischem Stoff.

Bereits mit seiner Chronik hatte Euseb ein universalhistorisches Werk vorgelegt. Es folgten die Kirchengeschichte, die *Praeparatio* und *Demonstratio evangelica* und schließlich die *Theophaneia*, alles Werke, in denen er seinen Willen zu einer umgreifenden Geschichtssicht bekundete. Im Laufe der Entwicklung durchdrang er dabei den Stoff mehr und mehr auch geschichtstheologisch. Wir wählen hier für eine Verdeutlichung seiner Auffassung die *Theophaneia* aus, die nach den historischen Werken entstand. Die anderen Schriften hatten wir bereits charakterisiert.[343]

Euseb schließt hier den ganzen Kosmos in seine Geschichtstheologie ein. So beginnt er beim Schöpfergott und dem aus diesem hervorgehenden Wort (Logos) selbst. Hier lag der Angelpunkt der Geschichte. Der Entwicklungsprozeß setzte also lange vor der Schöpfung der Welt ein. Der Logos sei »keineswegs entstanden durch eine sich äußernde Kraft, noch seiner Natur nach aus Silben von Namen und Worten geschaffen, noch wird er mit einem Wort, das durch die Luft schlägt, bezeichnet, sondern er ist das lebendige und wirksame Wort des über alles (herrschenden) Gottes und ist seinem Wesen nach die Kraft Gottes und die Weisheit Gottes«[344].

Eine zentrale Vorstellung ist dabei für Euseb die Einheit Gottes. »Aus vielen Teilen besteht eine Welt und ebenso erstreckt sich Ein Logos Gottes, reich an Kräften und mächtig in allem, durch alles und verbreitet sich unsichtbar über alles und ist die Ursache von allem, was darin ist.«[345] Der Polytheismus sei also ein gewaltiger Irrtum und ein Zeichen von Unreife.[346]

Das Werk »Eines weltschaffenden Logos« war »Eine ganz harmonische Welt«.[347] Ordnung sei das Prinzip des ganzen Kosmos.[348] Trotz der Vielheit der Arten und der Verschiedenheit des Willens gebe es die Einheit des Menschengeschlechts. »Der Mensch, als Haupt aller irdischen Lebewesen, wurde geschaffen, um die Gottheit, die die Ursache des Alls ist, und ihr Reich auf Erden zu preisen. Gleichwie aber auf Erden Ein und dasselbe Menschengeschlecht sich über den ganzen Erdkreis erstreckt und Myriaden Völker aus ihm entstanden sind ...« – Euseb beschreibt dann die Völker, die verschiedenen Kulturen und sozialen Unterschiede – »so sind sie dennoch aber alle Menschen und ist Eines das gemeinsame Geschlecht aller.«[349]

Euseb singt ausführlich das Hohelied auf den Menschen, der unter allen Lebewesen allein vernunftbegabt sei[350]: »Wenn also der Mensch ... seine eigene Größe kennte und sich kümmerte um die Lehre Gottes, so gäbe es kein Hindernis für ihn, sobald er von hier entronnen ist, am (gleichen) Verkehr wie die Engel sich zu ergötzen und teilzuhaben am königlichen Leben seines Vaters im Himmel.« »All das aber, was auf die Erlösung der Seele [gerichtet ist] ... eben das hat er mit Stumpf und Stiel aus seinem Geiste ausgerottet.«[351]

»Der erste Mensch hatte gleich am Anfang nach seinem ersten seligen Dasein das göttliche Gebot geringgeachtet, war deshalb in dieses sterbliche, hinfällige Leben geraten... Seine Nachkommen, welche unsere ganze Erde bevölkerten, waren, von dem einen oder anderen abgesehen, noch viel schlimmer geworden und hatten ein tierisches Wesen und eine unerträgliche Lebensweise angenommen. Ja, sie hatten nicht einmal an Städte und Staaten, an Künste und Wissenschaften gedacht. Gesetze und Rechtssatzungen, Tugend und Philosophie kannten sie nicht einmal dem Namen nach.« Bosheit und Schändlichkeiten gaben sie sich hin, und Gott züchtigte sie durch Naturkatastrophen und Krankheiten;[352] so schildert es Euseb in seiner Kirchengeschichte.

Ein Erlöser war also notwendig, da die Menschen allein nicht den Weg zurückfanden. Dieser Erlöser ist der Logos Gottes[353]. Das Erlösungswerk selbst ging in einigen Zeitstufen vor sich: Erzväter; Mose und seine Gesetzgebung[354]; Verbreitung des jüdischen Gesetzes unter den Völkern und die sittliche Erziehungsarbeit dieses Gesetzes; Beginn des römischen Kaiserreiches, also Regierung des Kaisers Augustus und Beginn des Wirkens Jesu auf Erden.

In kurzer Form hat das Euseb in seiner Kirchengeschichte zum Ausdruck gebracht: Der Logos ließ sich »im Übermaß seiner Menschenliebe bald vor den niederen Geschöpfen in Engelsgestalt, bald vor dem einen und anderen der alten Gottesfreunde in eigener Person als erlösende Gotteskraft eben in Menschengestalt sehen, weil es nicht anders bei ihnen möglich war. Erst als nun durch diese Gottesfreunde die Samen der Gottesfurcht in die

Masse getragen wurden und aus den alten Hebräern auf Erden ein ganzes Volk der Gottesfurcht erstand,[355] erst als der Logos dieser noch in alten Gewohnheiten irregegangenen Volksmasse durch den Propheten Moses Vorbilder und Symbole eines geistigen Sabbates und einer (geistigen) Beschneidung und Hinweise auf andere geistige Lehren gab, ohne aber schon in die Geheimnisse selbst einzuführen, erst als durch das Bekanntwerden der jüdischen Gesetze, welche gleich einem Wohlgeruch unter die ganze Menschheit drangen, infolge der Bemühungen von Gesetzgebern und Philosophen, die überall auftraten, zahlreiche Völker gesitteter wurden, ihr wilder, roher, tierischer Sinn sich in Sanftmut verwandelte und sie in aufrichtigem Frieden freundschaftlich miteinander verkehrten, erst jetzt, zu Beginn des römischen Kaiserreiches, erschien allen übrigen Menschen und den Heiden des ganzen Erdkreises, da sie vorbereitet und bereits fähig waren, die Erkenntnis des Vaters anzunehmen, derselbe Lehrer der Tugenden.« Betont werden dann seine wunderbare Geburt, seine Lehren, seine Taten, sein Tod, seine Auferstehung und seine wunderbare Himmelfahrt.[356]

Jesu Wirksamkeit unterteilt Euseb in zwei Perioden: »auf diejenige, die vergangen ist, in der er seinen Umgang auf Erden hielt, wie (in den Evangelien) berichtet ist, und (zweitens) auf die spätere (Periode), die sich bis zu uns selber erstreckt«[357]. Eusebs Beurteilung der zweiten Periode wurde schon bei der Behandlung von Chronik und Kirchengeschichte dargestellt.

Es ist eine großartige Konstruktion, die die Geschichte in umfassende kosmologische Zusammenhänge einordnet und ihr in allen ihren Erscheinungen einen eindeutigen Sinn abzugewinnen versucht. Dabei hat Euseb den Mut, weit über die Frage späterer Theologen nach der theologischen Dimension der Kirchengeschichte hinauszugehen, vielmehr seine theologischen und soteriologischen Maßstäbe an die Gesamtentwicklung anzulegen. Aber auch die Schwächen seines Versuches sind nicht zu übersehen. Von ihnen seien besonders zwei Aspekte hervorgehoben: Die eigentliche Geschichte wird anhand des Materials dargelegt, das die Bibel bietet. Die Entwicklung der übrigen Völker bleibt dabei im Grunde unberücksichtigt. Sie fällt pauschal unter das Verdikt der Abirrung. So werden die jeweiligen Besonderheiten nicht ernst genommen. Zudem zeigt sich sehr deutlich, daß eine Ideologisierung der Geschichte beim Versuch ihrer historischen Konkretisierung zu ihrer Vergewaltigung führt.

Die Behandlung des Problems steht noch aus, was denn nun für Euseb Ziel und Ende der Geschichte ist, die er als linearen, progressiven Prozeß versteht. Es geht dabei nicht um die Hoffnung auf ein individuelles Leben bei Gott nach dem Tode, die Euseb gewiß vertritt,[358] sondern um den christlichen Vorstellungskomplex vom Ende der Zeiten[359].

Leider ist jedoch der zweite Teil der *Demonstratio evangelica* nicht erhalten. Sowohl aus deren Einleitung[360] als auch aus erhaltenen Fragmenten des 15. Buches[361] geht hervor, daß Euseb in den verlorenen Büchern auch über die Wiederkunft Christi am Ende der Zeiten gehandelt hatte. Die Kenntnis dieser Ausführungen wäre für die Lösung unseres Problems sehr wichtig. Wir müssen also mit dem vorliebnehmen, was Euseb dazu in den *Eclogae propheticae*[362], in der Kirchengeschichte[363] und im vierten Buch seiner *Theophaneia* ausführt. Hier ist namentlich das 36. Kapitel für unseren Zusammenhang wichtig. Er zitiert dort Matthäus 24, 6–14, wo es heißt, daß vor dem Ende erst Katastrophen eintreten werden, Verfolgungen der Christen und das Auftreten von Lügenpropheten. »Wer aber ausharrt bis zum Ende, der wird leben; und es wird das Evangelium vom Reich verkündet werden in aller Welt zum Zeugnis für alle Völker, und dann wird das Ende kommen.«

Euseb interpretiert das so, daß zu seiner Zeit dieses Ende noch nicht erreicht sei, denn »er prophezeie offenbar auch hierdurch, daß zuvor sein Evangelium in aller Welt zum Zeugnis für alle Völker verkündet werden müsse und dann erst das Ende kommen werde. Denn nicht früher wird das verkündigte Ende der Welt kommen, als bis sein Wort von allen Völkern ergriffen ist. Soviel Völker also fehlen, unter denen sein Evangelium (noch) nicht verkündigt worden ist, soviel Zeit fehlt auch am Ende.«

Dazu entnimmt er der zitierten Evangelienstelle noch weitere Kriterien: »Er lehrt aber und sagt: ›Es wird dazu kommen, daß ihr hört von Kriegen und Kriegsgerüchten; seht zu, damit ihr nicht erschreckt. Denn es muß kommen, aber das ist noch nicht das Ende.‹ Wann aber dies eintreten werde, zeigt er, indem er sagt: ›Es wird verkündigt das Evangelium vom Reich in der ganzen Welt zum Zeugnis für alle Völker, und dann wird das Ende kommen‹, wenn auch Hungersnöte und Seuchen und (Erd)beben an jedem Ort (eintreten) und ein Volk sich wider das andere und ein Reich wider das andere erheben und schwere Verfolgungen und gewaltige Drangsale sein werden. Darauf aber sagt er: ›Und ihr werdet gehaßt sein von allen Völkern‹, nicht wegen anderer verhaßter Taten, sondern (nur) um seines Namens willen.«[364]

Die Zitate stammen aus dem Schlußkapitel des vierten Buches der Theophaneia. Der Gedanke des Endes spielt in diesem Buch eigentlich keine Rolle. Es geht um Verfolgungen, die Christus vorausgesagt hat und die um seinetwillen geschehen sollen. Kein Wort fällt in diesem Zusammenhang vom Ende der Zeiten. Es geht um Lügenpropheten und um heterodoxe Lehren. Nur an einer Stelle erwähnt Euseb das Ende der Geschichte, wenn er von der Scheidung der Guten und der Bösen in der Kirche redet und Matthäus 13,47–51 und 4,19 zitiert. Hier sagt er dann interpretierend: »Nicht einmal also die Gemeinschaft der bösen Menschen war ihm verborgen, die mit den Guten in seine Kirche bis heute aufgenommen werden, da er lehrt, daß eben sie in der Zeit des Endes durch die damit betrauten Engel ausgesondert werden sollen und ein jeder von ihnen die seinem Denken gebührende Strafe empfangen solle.«[365]

Euseb reproduziert also in dieser Frage die kirchliche Lehre, ist aber allen apokalyptischen Vorstellungen gegenüber wenig aufgeschlossen. Das entspricht auch der Haltung, die er bereits in der Chronik vertrat: Berechnungen des Endes seien nicht möglich. Sein eigentliches Interesse erstreckt sich auf die geschehene Geschichte und auf theologische Spekulationen, die die davorliegende Zeit zu erfassen und zu deuten suchen.

Einige Passagen im letzten Buch seiner Kirchengeschichte könnten den Eindruck erwecken, er habe angenommen, mit der Verchristlichung des Römischen Reiches sei das geweissagte Friedensreich am Ende der Geschichte bereits erreicht: Kaiser Konstantin und sein Sohn Crispus hätten wieder ein einheitliches Reich der Römer geschaffen und den ganzen Erdkreis von Osten bis Westen, von Süden bis Norden ihrem friedlichen Zepter unterworfen. »Genommen war nun von den Menschen jede Furcht vor denen, die sie einst bedrängt. In Glanz und Prunk begingen sie festliche Tage. Alles war von Licht erfüllt. Und die zuvor niedergeschlagen einander anblickten, sahen sich an mit freudlächelndem Antlitz und strahlenden Auges. In Reigen und Liedern gaben sie in Städten wie auf dem Lande vor allem Gott, dem König der Könige, die Ehre, wie sie gelehrt wurden, sodann dem frommen Kaiser mit seinen gottgeliebten Söhnen. Die alten Leiden waren vergessen, und begraben jede Erinnerung an Gottlosigkeit. Man freute sich der gegenwärtigen Güter und harrte dazu der künftigen...«[366]

Die im letzten Satz gebrauchten Begriffe sind biblisch geprägt und setzen das jetzige Weltalter und die zukünftige Gottesherrschaft voneinander ab. Diese war für Euseb mit dem christlichen Reich und der Herrschaft Konstantins also noch nicht angebrochen. Das zeigt selbst dieser rhetorische Schlußabschnitt seines Kirchengeschichtswerkes. Will man Eusebs Meinung über die letzten Dinge erheben, muß man sich an die *Eclogae propheticae, Demonstratio evangelica* und *Theophaneia* halten.

Der Historiker Euseb hat die Geschehnisse um den endgültigen Sieg Konstantins etwa zur selben Zeit in unterschiedlicher Weise dargestellt. Zum einen in der eben zitierten Weise in seiner Kirchengeschichte, zum anderen in völlig nüchterner Art in der zweiten Ausgabe seiner Chronik. Zwar berechnete er hier 300 Jahre vom Beginn der Predigt Jesu bis zu diesem Termin, hob ihn aber nicht graphisch oder durch besondere chronologische Hinweise hervor; Geburt und Predigt Jesu blieben die besonderen Einschnitte.

Daß der Wissenschaftler und der Rhetor Euseb zu unterscheiden sind, zeigt auch seine Auslegung von Jesaja 35. Oben hatten wir schon den Kommentar zitiert. Abweichend davon bezog Euseb etwa zur selben Zeit in seiner in Tyros gehaltenen Predigt den Text auf seine Gegenwart: »Diese Dinge, in Worten einst vorherverkündet und in heiligen Büchern niedergelegt, vernehmen wir nun, da sie sich erfüllt, nicht mehr mit dem Ohre, sondern in den Taten.« »Und was kurz zuvor noch Wüste war, ist zur Wiese geworden, und eine Quelle lebendigen Wassers ergoß sich über das dürstende Land; die Hände, die ehedem matt, sind in Wahrheit erstarkt, und die Dinge, die wir schauen, sind große und augenfällige Zeugen für die Kraft dieser Hände. Aber auch die einst gebrechlichen und wankenden Knie haben ihre Fähigkeit zu gehen wiedererlangt, so daß sie geraden Weges zur Erkenntnis Gottes wandeln und zur Herde des allgütigen Hirten eilen.«[367] Offensichtlich verfällt der Prediger Euseb hier der rhetorischen Euphorie. Aber die Erkenntnis, daß zwei Seelen in seiner Brust wohnen, ist für seine gerechte Beurteilung wichtig.

Nimmt man das gesamte historiographische und geschichtstheologische Wirken Eusebs, wie es in diesem Kapitel ausgebreitet wurde, in den Blick, wird man den Satz Gerhard Ruhbachs nicht unterschreiben wollen: »Der Bereich der Geschichte, um den Euseb die bisherige Apologetik erweitert hat, ist nicht identisch mit dem Geschehen in dieser Welt.«[368] Zwar ist Euseb auch als Historiker Theologe geblieben, aber er hatte nicht ein Phantom im Blick, sondern wollte Geschichte darstellen und der Universalhistorie einen umfassenden Sinn abgewinnen. Wenn wir uns auch nicht mit seiner Deutung identifizieren können, werden wir doch seine Leistung anerkennen und im Rahmen ihrer Zeit würdigen müssen. Die Unterschiede zur antik-griechischen, zur alttestamentlichen und jüdischen sowie zur vorhergehenden christlichen Historiographie haben wir betont. Auf das reizvolle Unternehmen, Eusebs Leistung mit anderen großen christlichen Geschichtsentwürfen zu vergleichen, muß hier aus Platzgründen verzichtet werden. Eusebs Bemühungen haben, abgesehen von seinen für uns so wertvollen Materialdarbietungen, auf jeden Fall dazu verholfen, die Problematik einer christlichen Geschichtsinterpretation zu verdeutlichen. So lohnt sich für uns eine Beschäftigung mit seiner Konzeption durchaus.

Eusebs Kulturtheologie

Unter dieser Hauptüberschrift wollen wir noch einige Aspekte behandeln, die Eusebs Bemühungen um eine Aktualisierung und Konkretisierung der im vorhergehenden Kapitel dargelegten Konzeptionen im Rahmen seiner Gesellschaft zeigen. Gerade hier wird man sich davor hüten müssen, ihn mit modernen Kriterien zu beurteilen oder etwa einzelnes, das aus dem Zusammenhang seines Systems und seiner Zeit herausgenommen wird (zum Beispiel eine isolierte Betrachtung seiner Spätschriften), zur Grundlage des Urteils zu machen. Dieses Kapitel ist ohne das vorhergehende also nicht zu verstehen.

Die erzieherische Aufgabe der Heilsgeschichte

Heilsgeschichte verläuft nicht neben der allgemeinen Geschichte oder betrifft nur einen Ausschnitt aus ihr, sondern umfaßt alle Völker und Kulturen der Menschheit. Das ist einer der Grundgedanken Eusebs. In dem oben auf Seite 130 gebotenen Zitat sagt er, daß das Gesetz des Mose und später das Evangelium eine Wandlung der Menschen und Völker vom rohen Barbarischen zur christlich-griechischen Kultur bewirkten. Hier spricht der Grieche, der das Barbarische im Gegensatz zu seiner eigenen Kultur als etwas Unterwertiges betrachtete.[369]

Es ging Euseb also zum einen um die Verbreitung des griechischen Kulturstatus. Ein Beispiel für diesen Aspekt: »Wer jemals von denen, die bei den Menschen wegen (ihrer) Weisheit gepriesen wurden, hat barbarische und wilde Sitten barbarischer Völker durch seine freundlichen Gesetze aufgehoben, so daß diejenigen unter den Skythen, die von ihm zu Jüngern gemacht waren, keine Menschenfresser mehr waren, noch daß (die) unter den Persern ihre Mütter heirateten, noch andere ihre Toten den Hunden vorwarfen, noch andere die Altgewordenen der Erdrosselung übergaben, noch andere diesen verwandte, wilde und tierische (Dinge) bei anderen geschahen.«[370] Das war das Barbarenbild seiner Zeit.

Euseb verstand aber unter dieser Erziehung noch mehr, noch Höheres, nämlich etwas spezifisch Christliches, so daß auch Griechen und Römer dieser Erziehung bedürftig waren. Das ist ja die Grundlage seiner gesamten apologetischen Haltung und Schriften, breit ausgeführt in *Praeparatio* und *Demonstratio evangelica.* In der syrischen *Theophaneia* heißt es dazu: »Es möge herantreten jeder Philosoph, den es gibt, und uns sagen, von welchem Gott oder Heros von aller Ewigkeit her jemals gehört wurde, daß er die Lehren, die ein ewiges Leben und ein himmlisches Reich verursachen, den Menschen überliefert habe wie unser Erlöser, der bewirkte, daß Myriaden Mengen in der ganzen Welt durch seine weisen Lehren geübt (erzogen) wurden, und sie überredete, einem himmlischen Leben nachzujagen, dies zeitliche Leben aber zu verachten und die himmlischen Wohnplätze zu erhoffen, die für die gottliebenden Seelen aufbewahrt sind.«[371] Die Zielstellung führt weit über dieses Leben hinaus und fußt auf der Zweiteilung der Natur in das dem göttlichen Logos verwandte Sein und in die Materie, das Körperliche.[372]

»Jetzt werden die göttlichen Gesetze und Lektionen auf der ganzen Erde verkündigt und machen alle Menschen keusch, und von gottesfürchtiger Zucht sind erfüllt in Wahrheit alle Plätze der Barbaren und Griechen. Jetzt senden fremdsprachige und vielsprachige Zungen in Einer Lebensart und nach Einer Verabredung übereinstimmende Segenssprüche an den Schöpfer des Alls und hängen Einem Worte und demselben Gesetz, Einem gottgeziemenden Mysterium und derselben Lebensführung an. Jetzt ist Eine Harmonie der Seelen und Übereinstimmung der Lehre in der ganzen Welt geschaffen.«[373] Das ist das Ziel des erzieherischen Wirkens. Es bedeutete für Euseb: Tugend und keusches Leben, Unterscheidung zwischen Schöpfer und Schöpfung, Erkenntnis der Größe der Seele, Besiegung der Leidenschaften, Wendung zum Allgott und Erlöser und Abkehr von jeglicher Götzen- und Dämonenverehrung, Ablehnung jeglicher Opfer, Verehrung des Logos Gottes als Besieger des Todes, Streben nach Weisheit und Gottesfurcht, Verkündigung der Lehre Gottes an allen Orten, Lobgesänge der Menschen und Engel für den Erlöser.[374]

Die Bedeutung des römischen Kaiserreiches im System Eusebs[375]

Drei Grundkomponenten gehören nach Eusebs Meinung zu den Voraussetzungen dieser im vorhergehenden Abschnitt charakterisierten erzieherischen Wirkung. Es sind jeweils zwei Begriffspaare, die das Richtige und das Verdammenswerte, also den Irrweg der Menschheit, einander gegenüberstellen: Monotheismus – Gegensatz: Dämonenherrschaft und Polytheismus; Monarchie – Gegensatz: Polyarchie; Frieden – Gegensatz: Krieg. Ähnliche Vorstellungen waren bereits im Judentum und in der christlichen Apologetik verbreitet.[376]

Die letzten beiden positiven Punkte wurden nach Eusebs Meinung durch das römische Kaiserreich erreicht und garantiert. In ihm sei nicht nur die Polyarchie im Sinne von Demokratie, sondern auch im Sinne der Vielzahl von Staaten überwunden. Alle positiven Grundkomponenten stehen miteinander in Verbindung. Die vollkommene Synthese werde dann im christlichen römischen Kaiserreich erreicht. Aber bereits mit dem ersten römischen Kaiser, mit Augustus, sei die Voraussetzung für die Erfüllung des erzieherischen Zieles des Logos geschaffen worden. Wohlgemerkt, das Römische Reich ist nicht der Initiator, sondern nur ein Faktor im erzieherischen Plan Gottes und seines Logos. Auf diese Weise erhält das Reich zwar kulturtheologische Bedeutung, gewinnt sie aber nicht aus sich heraus.

In der Chronik läßt sich solche Zuordnung von römischem Kaiserreich und Christus nur im Ansatz erkennen, noch ohne eine theologische Sinngebung. Wir sahen oben, daß das 15. Jahr der Herrschaft des Tiberius ein Hauptpfeiler für die chronologischen Berechnungen Eusebs war. Es wurde mit dem Beginn der öffentlichen Wirksamkeit Jesu gleichgesetzt. Jesu Geburt wurde nicht auf die Regierung des Augustus bezogen, vielmehr auf die des Königs Herodes.[377]

Eine tiefere Ausdeutung der synchronistischen Parallele von Augustus und Jesus begegnet uns erst in der *Praeparatio*[378], der *Demonstratio*[379], in der Kirchengeschichte[380], in der *Laus Constantini* (Lobrede auf den Kaiser Konstantin)[381], in der syrischen *Theophaneia*[382]. Muß man daraus schließen, daß Euseb diese theologische Deutung erst nach dem Jahr 313 entwickelte? Hier wird sie für uns sichtbar, doch läßt sich nicht beweisen, daß er sie nicht schon viel länger vertrat. In der Chronik ging es ihm vornehmlich um Berechnungen. In ihrer zweiten Ausgabe hätte er noch gut und gern Bemerkungen anbringen können, die seiner kulturtheologischen Auffassung entsprachen. Er hat es nicht getan, hielt die Chronik also nicht für den geeigneten Ort derartiger Aussagen.

Wir zitieren jetzt die berühmte Passage aus der *Theophaneia*, die in der *Laus Constantini*[383] ihre Parallele hat: »Der ganze Irrtum des Polytheismus wurde vernichtet, und aufgelöst wurden auf der Stelle alle Werke der Dämonen. Fernerhin gab es nicht mehr Menschenopfer noch die früher die Welt verderbenden Menschenmorde. Fernerhin gab es nicht mehr (Stadt)väter, Vielherrscher, Tyrannen und Volksregierungen. Fernerhin gab es nicht mehr die deswegen in jeder Stadt und an jedem Ort bestehenden Verwüstungen und Städtebelagerungen, sondern Ein Gott ward gepredigt und Ein Königreich der Römer erblühte allen und zerstört wurde völlig die von Ewigkeit her friedlose und unversöhnliche Feindschaft der Völker. Als aber die Kenntnis Eines Gottes allen Menschen überliefert war und Eine Sitte der Gerechtigkeit und Frömmigkeit ... durch die Belehrung unseres Erlösers, existierte demgemäß auch Ein König zu Einer und derselben Zeit über das ganze Königreich der Römer und tiefer Friede umfing alles. Zugleich und zu Einer Zeit sproßten wie auf den Wink eines Gottes zwei Blüten des Guten unter den Menschen auf: die fromme Lehre und das Reich der Römer.«

»Aber freilich völlig wie aus Einer Schranke [Wagenrennen – Metapher] brachen zwei gewaltige Mächte hervor, machten alles friedlich und führten es zur Freundschaft, indem das monarchische Reich der Römer seitdem erschien und die ihm helfende Kraft des Erlösers aller, indem sie zumal und auf eins miteinander sproßten und bestanden. Denn die göttliche Tüchtigkeit unsers Erlösers zerstörte die Macht vieler Dämonen und vieler Götter und verkündete Ein Reich Gottes allen Menschen, Griechen und Barbaren und denen an den Enden der Erde. Das

Römerreich aber unterwarf, weil vorher diejenigen vernichtet waren, die die Ursache der vielen Herrscher waren, alles, was da war, und bemühte sich eifrigst, das ganze Geschlecht zu Einer Übereinstimmung und Einheit zusammenzufügen, und verband fortan die Vielheit der Völker ... Dies ist also ein großes Wunder für diejenigen, die ihren Sinn in Wahrheitsliebe einrichten ... Denn es wurde zugleich die Verirrung der bösen Dämonen widerlegt und zugleich auch die seit Ewigkeit (bestehende) Feindschaft und Kriegs(lust) der Völker aufgehoben. Ferner wurde zugleich Ein Gott und Ein Wissen desselben durch die Belehrung unsers Erlösers allen gepredigt und zugleich auch Ein Königreich der Römer unter den Menschen befestigt und zumal das ganze Geschlecht der Menschen zum Frieden verändert, und alle bekannten einander als Brüder und lernten die eigene Natur (kennen).«[384]

Damit waren für Euseb die auf die Endzeit bezogenen Prophetenworte Jesaja 2,4 = Micha 4,3 in Erfüllung gegangen.[385] Der römische Staat besaß im heilsgeschichtlichen Plan Gottes eine Aufgabe von gleicher Gewichtigkeit wie die Gemeinde Gottes.

Die Schwierigkeiten, die sich bei der Übertragung dieses Gedankenmodells auf den konkreten Geschichtsablauf ergeben, hatte Euseb in der bereits im vorhergehenden Kapitel geschilderten Weise gelöst: diejenigen Kaiser, die nicht im Sinne dieses Heilsplanes handelten, seien pervertiert und von Dämonen besessen gewesen. Noch weit größere Schwierigkeiten erwuchsen aber aus der Geschichte des christlichen Kaiserreiches. Schon zu Eusebs Lebzeiten waren sie nicht zu übersehen. So verherrlichte er noch im neunten Buch seiner Kirchengeschichte Konstantin und Licinius als die Wohltäter des Christentums. Dann fiel Licinius ab, es kam zu Streitigkeiten zwischen den beiden Kaisern, in denen Licinius unterlag. So wurden dann am Ende des zehnten Buches Konstantin und sein Sohn Krispos als die Garanten des christlichen Imperiums dargestellt. Aber schon 326 wurde Krispos hingerichtet. Auch die Schattenseiten der Person Konstantins waren nicht zu übersehen. Der gepriesene Endzustand war nicht erreicht. Wie Euseb auf solche Erfahrungen reagierte, soll uns im nächsten Abschnitt beschäftigen. Vorher muß aber noch etwas zu den Wurzeln der Reichsinterpretation Eusebs gesagt werden.

Will man Hintergründe und Wurzeln solcher Auffassungen verstehen, kann man sich nicht nur an der Beurteilung des Staates durch die Christen orientieren, sondern muß ihr Verhältnis zur griechischen Kultur und Gesellschaft überhaupt mit einbeziehen. Wer sich von dieser Welt abwandte, weil er sie verachtete und andere Ziele hatte oder weil er mit ihrem baldigen Ende rechnete, konnte für die Kultur insgesamt kein Verständnis aufbringen.

Sehr deutlich brachte das die sogenannte Lehre der Apostel, die im 3. Jh. in Nordsyrien verfaßt wurde, zum Ausdruck. Sie gehörte zu den anerkannten kirchenrechtlichen Schriften der Kirche. Hier heißt es: »Heidnische Bücher aber sollst du überhaupt nicht berühren. Was hast du denn mit den fremden Worten, Gesetzen und falschen Propheten zu tun, die leicht schwächere Menschen zum Irrtum bringen? Was fehlt dir denn am Worte Gottes, daß du dich zu jenen heidnischen Geschichten aufmachst? Wenn du historische Darstellungen lesen willst, nimm die Bücher der Könige [aus dem Alten Testament]. Wenn du dich mit Philosophie oder Dichtung beschäftigen willst, nimm die Bücher der Propheten, in denen du die beste Darstellung der ganzen Dichtung und Philosophie finden wirst, da ja deren Weisheit und Sprache die des Herrn sind. Wenn du aber Lieder suchst, nimm die Psalmen. Wenn du dich aber über die Entstehung der Welt informieren willst, nimm das erste Buch Mose. Wenn du aber Gesetze und Vorschriften suchst, hast du das hervorragende Gesetz des Herrn. Halte also alles dieses fremde und teuflische Schrifttum völlig von dir.«[386]

Alle bedeutenden Theologen der frühen Kirche standen vor der für sie existentiellen Frage, wie sie die beiden gegensätzlichen Pole der antiken Bildung, in der sie erzogen waren, und der christlichen, biblischen Kultur und Lebensideale sinnvoll miteinander vereinen konnten. Das galt auch für Euseb. Nicht ohne Grund setzte er sich in *Praeparatio* und *Demonstratio evangelica* und in der *Theophaneia* so gründlich mit dieser Problematik auseinander, wie sie in ihrer Tiefe zum Beispiel der folgende Satz verdeutlicht: »Mit Recht also meine ich diesen Mann [Platon] mehr zu tadeln als die übrigen, obwohl mich die Liebe zu ihm hinzieht wegen der Verwandtschaft seiner Lehren [mit den unseren]. Denn er allein von allen Griechen scheint mir die Vortüren der Wahrheit zu erreichen und hat in vielen Worten Verwandtschaft mit uns gezeigt.« Euseb stand auf dem Boden dieser Kultur, insbesondere des Platonismus, verwarf diese Kultur nicht, glaubte sie aber überwinden zu können. Er fährt fort: »Aber nicht möge dieser Mann (mehr) geehrt werden als die Wahrheit [der christlichen Lehre]. Deswegen, scheint es mir, muß er mehr als alle um ihretwillen getadelt werden.« Seine Lehre müsse man doch als todbringend bezeichnen.[387] Im Unterschied zu anderen gebildeten Christen seiner Zeit geriet Euseb jedoch nicht in eine Zerreißprobe zwischen den beiden Bildungspolen. Er ging von der griechischen Kultur aus, glaubte aber, sie durch eine andere Ausrichtung überhöhen zu können.

Das Verhältnis zum römischen Staat und zur Institution des Staates überhaupt war teils von der Haltung bestimmt, die man zur antiken Kultur einnahm, teils von den verschiedenen und recht konträren Modellen, die im Alten Testament zu finden waren, teils von den Erfahrungen, die man als Christ mit diesem Staat machte. Auch das Neue Testament enthielt verschiedene Stellungnahmen, so die an Gott orientierte des Apostels Paulos, so die vernichtende der Apokalypse des Johannes, so die synchronistische der Verbindung von Regierung des Augustus und Geburt Jesu bei dem Evangelisten Lukas. Wir können davon ausgehen, daß Euseb alle diese und alle daraus abgeleiteten Positionen kannte. Zudem war die Augustusverehrung zu seiner Zeit weit verbreitet.[388]

Das Urteil Hugo Rahners über das Verhältnis der Christen zum römischen Staat wird man nur mit Vorbehalten übernehmen können. Er sagt: Verneinung dieses Staates habe es in der frühen Kirche nur gegeben, »wenn die unverrückbaren Sätze des Glaubens es heischen und wenn die Treue zum himmlischen Königreich in Gefahr steht... Alles übrige, was die Christen zum Staat noch zu sagen haben, ist ein uneingeschränktes Ja«[389]. Gerade in Kreisen, die mit dem nahen Ende rechneten und apokalyptische Vorstellungen vertraten, waren andere Auffassungen verbreitet.

Wenn man Eusebs Katalog der Schriften des Hippolyt Glauben schenken darf,[390] kannte er die vernichtenden Urteile dieses schärfsten Kritikers des römischen Staates aus dem 3. Jh. nicht. Doch Euseb schätzte sowieso Hippolyts eschatologische Haltung wenig, hatte er doch zu ihrer Widerlegung seine Chronik verfaßt. Hippolyt hatte in seiner Schrift über den Antichrist die Weissagungen von Daniel 2,33.40 über das vierte Tier, von Jesaja 47,1–15 und Offenbarung des Johannes 17,1 – 18,24 über die Hure Babylon auf Rom angewendet.[391]

Auch die Parallelisierung von Jesu Geburt und Regierung des Kaisers Augustus deutete Hippolyt in einer Weise, die der Auslegung des Euseb entgegengesetzt war: »Denn im zweiundvierzigsten Jahr des Kaisers Augustus wurde der Herr geboren. Von Augustus an erreichte das

Das antike Kaisareia (Abbildungen 1–10)

1 Ausgrabungen (1953)

2 Luftaufnahme von Hafen und Theater (1970)

3 Der römische Hafen

4 Luftaufnahme des römischen Theaters (1963)

5 Das restaurierte römische Theater

6 Synagogenfußboden (5. Jh., Mosaik)

7 Porphyrstatue eines Kaisers oder kaiserlichen Beamten (3./4. Jh.)

8 Elfenbeinplatte aus Khalasa (Elusa) im Negev (5.–7. Jh.)

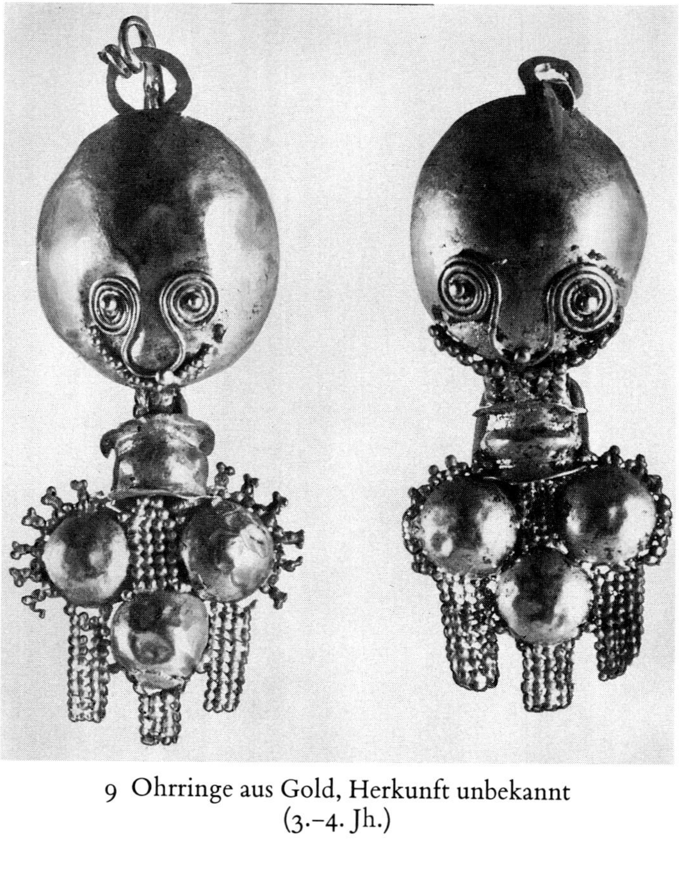

9 Ohrringe aus Gold, Herkunft unbekannt
(3.–4. Jh.)

10 Bronzeleuchter, angeblich aus dem Hauran (4.–6. Jh.)

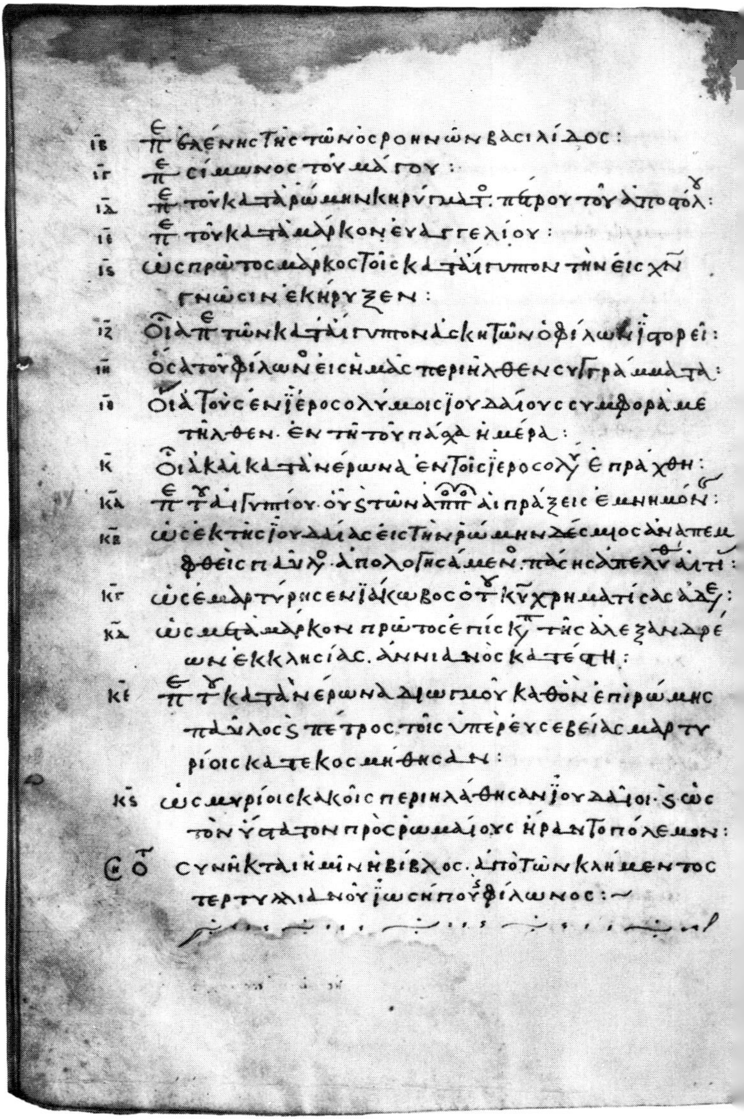

ιβ΄ Περὶ Ἑλένης τῆς τῶν Ὀσροηνῶν βασιλίδος:
ιγ΄ Περὶ Σίμωνος τοῦ μάγου:
ιδ΄ Περὶ τοῦ κατὰ Ῥώμην κηρύγματος Πέτρου τοῦ ἀποστόλου:
ιε΄ Περὶ τοῦ κατὰ Μάρκον εὐαγγελίου:
ιϛ΄ Ὡς πρῶτος Μάρκος τοῖς κατ' Αἴγυπτον τὴν εἰς Χριστὸν γνῶσιν ἐκήρυξεν:
ιζ΄ Οἷα περὶ τῶν κατ' Αἴγυπτον ἀσκητῶν ὁ Φίλων ἱστορεῖ:
ιη΄ Ὅσα τοῦ Φίλωνος εἰς ἡμᾶς περιῆλθεν συγγράμματα:
ιθ΄ Οἵα τοὺς ἐν Ἱεροσολύμοις Ἰουδαίους συμφορὰ μετῆλθεν ἐν τῇ τοῦ πάσχα ἡμέρᾳ:
κ΄ Οἷα καὶ κατὰ Νέρωνα ἐν τοῖς Ἱεροσολύμοις ἐπράχθη:
κα΄ Περὶ τοῦ Αἰγυπτίου οὗ καὶ τῶν ἀποστόλων αἱ πράξεις ἐμνημόνευσαν:
κβ΄ Ὡς ἐκ τῆς Ἰουδαίας εἰς τὴν Ῥώμην δέσμιος ἀναπεμφθεὶς Παῦλος ἀπολογησάμενος πάσης ἀπελύθη αἰτίας:
κγ΄ Ὡς ἐμαρτύρησεν Ἰάκωβος ὁ τοῦ κυρίου χρηματίσας ἀδελφός:
κδ΄ Ὡς μετὰ Μάρκον πρῶτος ἐπίσκοπος τῆς Ἀλεξανδρέων ἐκκλησίας Ἀννιανὸς κατέστη:
κε΄ Περὶ τοῦ κατὰ Νέρωνα διωγμοῦ καθ' ὃν ἐπὶ Ῥώμης Παῦλος καὶ Πέτρος τοῖς ὑπὲρ εὐσεβείας μαρτυρίοις κατεκοσμήθησαν:
κϛ΄ Ὡς μυρίοις κακοῖς περιηλάθησαν Ἰουδαῖοι καὶ ὡς τὸν ὕστατον πρὸς Ῥωμαίους ἦραν πόλεμον:
Συνῆκται ἡ μὲν ἡ βίβλος ἀπὸ τῶν Κλήμεντος, Τερτυλλιανοῦ, Ἰωσήπου, Φίλωνος:

11 Beginn des 2. Buches der Kirchengeschichte Eusebs (Cod. Paris. gr. 1430, fol. 31ᵛ/32ʳ, 11. Jh.)

λόγος β'

Ὅσα μὲν τῆς ἐκκλησιαστικῆς ἱστορίας ἐχρῆν ὡς ἐν προοιμίῳ διαστείλασθαι· τῆς τε θεολογίας πέρι τοῦ σωτηρίου λόγου καὶ τῆς ἀρχαιολογίας τῶν τῆς καθ' ἡμᾶς διδασκαλίας δογμάτων ἀρχαιότητός τε τῆς κατὰ Χριστιανοὺς εὐαγγελικῆς πολιτείας· ὅσα μὴν ἅμα καὶ ὅσα περὶ τῆς γενομένης ἔναγχος ἐπιφανείας αὐτοῦ· τά τε περὶ τοῦ πάθους καὶ τὰ περὶ τῆς τῶν ἀποστόλων ἐκλογῆς, ἐν τῷ πρὸ τούτου συντεμόντες τὰς ἀποδείξεις διειλήφαμεν· φέρε δὲ ἐπὶ τοῦ παρόντος ἤδη καὶ τὰ μετὰ τὴν ἀνάληψιν αὐτοῦ διασκεψώμεθα· τὰ μὲν ἐκ τῶν θείων παρασημαινόμενοι γραμμάτων· τὰ δὲ ἔξωθεν προσιστοροῦντες ἐξ ὧν κατὰ καιρὸν μνημονεύσομεν ὑπομνημάτων· πρῶτος τοιγαροῦν εἰς τὴν ἀποστολὴν ἀντὶ τοῦ προδότου Ἰούδα κληροῦται Ματθίας· εἷς καὶ αὐτὸς ὡς δεδήλωται τῶν τοῦ κυρίου γενόμενος μαθητῶν· καθίσταντο δὲ δι' εὐχῆς καὶ χειρῶν ἐπιθέσεως τῶν ἀποστόλων εἰς διακονίαν ὑπηρεσίας ἕνεκα τοῦ κοινοῦ· ἄνδρες δεδοκιμασμένοι τὸν ἀριθμὸν ἑπτὰ οἱ ἀμφὶ τὸν Στέφανον· ὃς καὶ πρῶτος μετὰ τὸν κύριον ἅμα τῇ χειροτονίᾳ· ὥσπερ εἰς αὐτὸ τοῦτο προαχθείς·

α' περὶ τῆς μετὰ τὴν ἀνάληψιν τοῦ Χριστοῦ ἀγωγῆς τῶν ἀποστόλων·

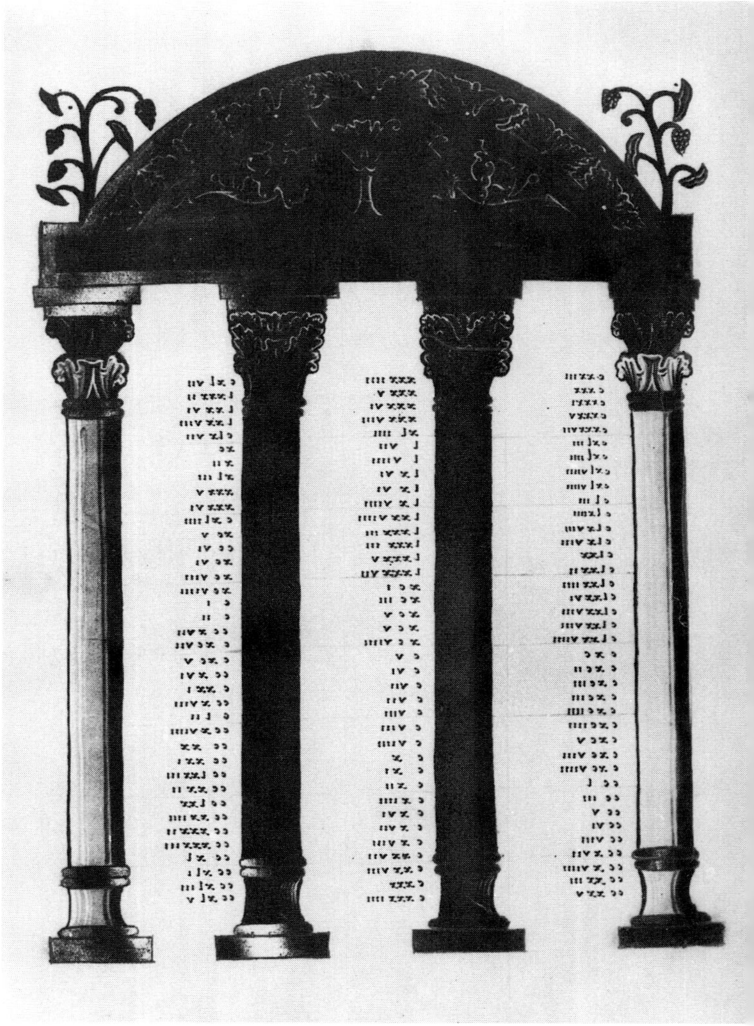

12 Beginn von Eusebs Kanonestafeln im Hillinuscodex
(Kölner Dom, Cod. 12, fol. $10^{v}/11^{r}$, um 1025)

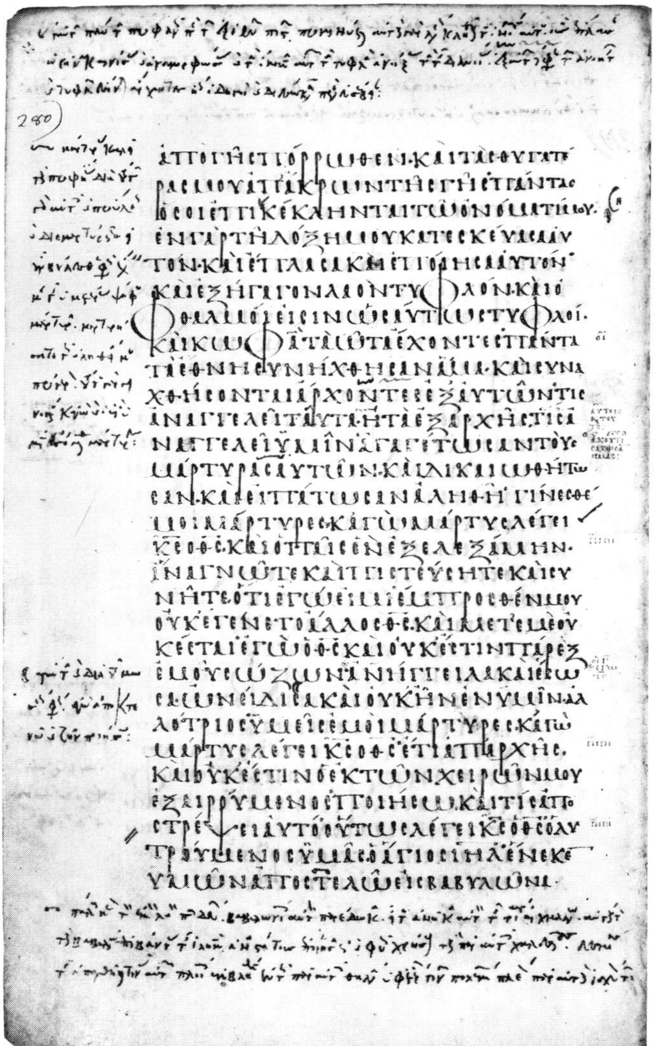

13 Beginn des Buches Ezechiel:
Bemerkung mit Unterschrift von Pamphilos und Euseb
(Cod. Vatic. gr. 2125, fol. 280)

14 Handelsstraße zwischen dem See Genezareth
und der Hafenstadt Ptolemais

15 Der Philosoph Plotin

Reich der Römer seinen Höhepunkt. Durch die Apostel rief der Herr alle Nationen und alle Zungen zu sich und schuf das Volk der gläubigen Christen«, – soweit hätte Euseb alles unterschreiben können, doch die Folgerung war eine andere – »das Volk des Herrn, die einen neuen Namen im Herzen tragen. Auf diese Weise ahmte das Reich dieser Welt, das nach der Kraftwirkung des Satans herrscht, dies nach, indem es in der gleichen Weise aus allen Völkern die Edelsten sammelte, sie zum Kampf rüstete und sie Römer nannte. Und deshalb fand die erste Volkszählung unter Augustus statt, als der Herr in Bethlehem geboren wurde, damit die Menschen dieser Welt, dem irdischen Kaiser aufgeschrieben, Römer genannt wurden, die aber an den himmlischen Kaiser glauben, Christen hießen, die das Siegeszeichen über den Tod an der Stirn tragen.«[392]

Euseb hatte andere Vorbilder. In seiner Kirchengeschichte zitiert er eine Passage aus der etwa im Jahr 172 verfaßten und an Kaiser Mark Aurel gerichteten Apologie des Meliton von Sardes: »Unsere Lehre erwachte dereinst kräftig im Schoße von Barbaren, reifte unter der ruhmreichen Regierung deines Vorgängers Augustus unter deinen Völkern zur Blüte und brachte vor allem deiner Regierung Glück und Segen. Von da ab nämlich erhob sich die römische Macht zu Größe und Glanz. Ihr ersehnter Herrscher bist du und wirst du sein mit deinem Sohne, soferne du diese Lehre, welche zugleich mit dem Reiche groß geworden ist, mit Augustus ihren Anfang genommen hatte und von deinen Vorfahren wie die übrigen Religionen geachtet wurde, beschützest. Daß unsere Lehre zugleich mit dem Reiche, das glücklich begonnen hatte, zu dessen Wohle erblühte, ergibt sich am deutlichsten daraus, daß ihm von den Zeiten des Augustus an nichts Schlimmes widerfahren ist, daß es im Gegenteil – wie es aller Wunsch ist – lauter Glanz und Ruhm geerntet hat. Die einzigen Kaiser, welche, von böswilligen Menschen verführt, unsere Religion in üblen Ruf zu bringen suchten, waren Nero und Domitian.«[393]

Wilhelm Schneemelcher spricht von einem »kühnen Versuch« des Meliton, »Imperium und Kirche einander näher zu bringen«. Zwar habe Meliton in seiner Deutung Vorgänger gehabt, doch werde bei ihm zum erstenmal ein heilsgeschichtlicher Entwurf sichtbar, der die ganze Geschichte umfasse, aber trotzdem streng biblisch sei. »Er hat das ... – im Gegensatz etwa zu Eusebios und seiner politischen Theologie – getan, ohne die christliche Heilsbotschaft, die nun einmal an Gottes Heilsplan gebunden ist, zu verkürzen.« »... das ist keine kosmologische Spekulation und keine aus der Geschichte abgeleitete Konstruktion, sondern der an die Schrift gebundene Glaube an das Heil in Christus führt zu dieser Gesamtschau.«[394] Ein hartes Urteil über Euseb. Aber es ist nicht zu übersehen, daß Euseb weder im Blick auf seine universalhistorische Schau noch im Blick auf sein Gesamtwerk etwa mit Meliton auf eine Ebene zu stellen ist. Euseb hatte eben doch ein ganz anderes Format.

Verhältnis zu Kaiser Konstantin I.

Eusebs durch die Quellen bestätigte Besuche am kaiserlichen Hof sind nicht sehr zahlreich.[395] Einen Hofbischof kann man ihn wahrlich nicht nennen. Das war der Bischof Euseb von Nikomedeia, der auf Konstantins theologische Entscheidungen Einfluß hatte und der an Konstantin kurz vor dem Tode des Kaisers die Taufe vollzog. Konstantin mag an Euseb seine Gelehrsamkeit, seine geistige Weite, seine ausgewogene, vermittelnde, diplomatische Haltung, aber wohl auch eine eindrucksvolle Persönlichkeit, die sich im Sinne des Pamphilos und Origenes um eine Übereinstimmung von Forschung und Leben bemühte, geschätzt haben. Wir können das nur vermuten. Euseb wiederum war tief beeindruckt von diesem Kaiser, der sich dem Christentum und der Kirche zugewandt hatte. Nach den Erfahrungen der Verfolgungszeit war das kaum zu fassen. Im Jahr 326, anläßlich der Feiern zum zwanzigjährigen Regierungsjubiläum, hatte der Kaiser sogar die Bischöfe zur kaiserlichen Tafel geladen. Der Bericht Eusebs darüber läßt das Ungewöhnliche der neuen Situation sehr deutlich werden, zumal Euseb ja vom Hofe des Maximinus Daja in Kaisareia ganz andere Praktiken gewohnt war. Er berichtet: »Jeder Beschreibung aber spottet, was da geschah; denn Leibwächter und Trabanten wachten, die scharfen Schwerter gezückt, rings um den Vorhof des kaiserlichen Palastes; mitten zwischen ihnen konnten aber furchtlos die Gottesmänner hindurchgehen und bis ins Innerste des Palastes gelangen. Da nun lagen die einen auf demselben Polster zu Tisch wie der Kaiser, während die anderen auf Polstern zu beiden Seiten ruhten. Leicht hätte man das für ein Bild vom Reiche Christi halten oder wähnen können, es sei alles nur ein Traum und nicht Wirklichkeit.«[396]

Die Schrift, aus der dieses Zitat entnommen ist, ist das am Ende seines Lebens verfaßte Werk *De Vita Constantini* (Über das Leben Konstantins), das Jacob Burckhardt zu seinem negativen Urteil über Euseb bewegte. Es ist authentisch, aber wohl erst nach dem Tode Eusebs herausgegeben worden.[397] Vorhergegangen waren zwei große Reden, die Euseb vor dem Kaiser gehalten hatte, der *Basilikos Logos* (Kaiserlobrede) vom Herbst 335 und die Tricennalienrede zum dreißigjährigen Regierungsjubiläum vom 25. Juli 336.[398]

Beide Reden bieten die schon dargelegten universalhistorischen und kulturtheologischen Vorstellungen

Eusebs. Vor allem die Verbindung von Monotheismus und Monarchie sowie die Parallelität zwischen dem Kampf gegen die Dämonen und der Bekriegung der Barbaren werden hier von ihm hervorgehoben. In der zweiten der genannten Reden finden sich aber auch Aussagen über die Rolle des Kaisers Konstantin, die ihn als die irdische Erfüllung des Heilswirkens des Logos erscheinen lassen. Euseb richtete diese Reden an Konstantin und meinte nicht das Kaisertum schlechthin. Das gilt es zu beachten.

Der Logos Gottes herrsche von Ewigkeit zu Ewigkeit. So herrsche auch sein Freund – also der Kaiser Konstantin – mit göttlicher Unterstützung für lange Zeit auf der Erde. Wie der Logos Himmel, Kosmos und Herrschaft für den Vater zubereite, so führe sein Freund seine Untertanen auf Erden dem Logos und seinem Reich zu. Wie der Logos durch göttliche Macht die dämonischen Kräfte von den Menschen fernhalte, so bekämpfe sein Freund mit göttlicher Unterstützung die sichtbaren Feinde der Wahrheit. Wie der Logos die Seinen fähig mache, die Gottesherrschaft zu verstehen, so rufe sein Freund das ganze menschliche Geschlecht zur Erkenntnis des Höheren und zur wahren Frömmigkeit. Wie der Logos die Pforten des Himmelreiches weit geöffnet habe, so habe sein Freund das irdische Reich vom gottlosen Irrtum befreit und fromme Männer um sich geschart.[399]

Konstantin sei also der Vollstrecker der Heilstat Gottes auf Erden. Aber nicht aus eigener Kraft habe er solche Werke vollbracht. Vielmehr habe Gott selbst, der Allkönig, die Feier des dreißigjährigen Regierungsjubiläums möglich gemacht, ihn zum Sieger über alle Gegner und Feinde bestimmt, ihn für alle auf Erden Lebenden zu einem Vorbild wahrer Frömmigkeit eingesetzt.[400] Gott nämlich sei der Leiter des Reiches wie auch jeder Herrschaft und Gewalt.[401] Das wird in einer längeren Passage dem Kaiser dargelegt: Er hat nicht Macht aus sich, sondern verliehene Gewalt.

Bei aller Panegyrik werden die christlichen Richtwerte für die Kaiserinstitution eigentlich sehr deutlich herausgearbeitet. Nicht das christliche Kaisertum als solches will Euseb theologisieren. Er entwirft das Bild des idealen Herrschers, das in der Literatur des Hellenismus bereits entwickelt worden war; er nennt die Merkmale des guten und frommen, wie auch des schlechten Kaisers; er bestätigt Konstantin, daß er der Kaiser des idealen Typs sei, macht aber auch die Maßstäbe dafür deutlich.[402]

Alle Vernunft, Weisheit, Güte und Gerechtigkeit habe der fromme Kaiser vom Logos erhalten. Er richte sich nach dem Modell des göttlichen Reiches. Er bete Tag und Nacht zu seinem himmlischen Vater und sehne sich danach, dem unvergänglichen, geistigen Reich Gottes anzugehören. Der in den göttlichen Dingen erzogene Kaiser strebe nach dem, was über dem irdischen Leben liege. Er rufe den himmlischen Vater an und sehne sich nach dessen Reich. Er tue alles mit Frömmigkeit und vermittele diese seinen Untertanen wie ein guter Lehrer seinen Schülern. Er wisse, daß Genußsucht den vernünftigen Teil der Seele zerstöre. Der schlechte Kaiser dagegen lebe in der Sünde, der Gottesferne, der Genußsucht, habe den Geist eines wilden Tieres. Er herrsche durch despotische Macht und könne nicht in Wahrheit Kaiser genannt werden.[403]

Das Ganze ist natürlich nach den in der Antike üblichen Regeln solcher Festreden gestaltet. Auch inhaltliche Elemente waren bereits in der hellenistischen Lehre über das Königtum vorgegeben. Nur an einem Gedanken sei das verdeutlicht: Wie sich Gott zur Welt verhalte, so der König zum Staat. Der Staat als Harmonie verschiedener Elemente ahme Ordnung und Harmonie der Welt nach, und der König sei in einen Gott unter den Menschen umgewandelt.[404]

Euseb baute solche Vorstellungen jedoch in sein eigenes kulturhistorisches System ein, wodurch sie sich wandelten. Außerdem hat er sie auch als einen politischen Maßstab, als politisches Korrektiv gedacht. Denn liest man seine beiden Reden auf dem Hintergrund des in hellenistischer Zeit im Stil und Inhalt auf dem Gebiet des Kaiserlobes Üblichen, wird man die Eigenständigkeit Eusebs nicht übersehen können. Sicher wußte er um die Schwächen in Charakter und Amtsführung Konstantins und um die Schwächen von Nachfolgern und Hof. So ist neben der ehrlichen Begeisterung für Konstantin auch das Mahnende und Warnende ganz eindeutig. Es richtet sich nicht nur an den alten Kaiser, sondern an den ganzen Hof und an die voraussichtlichen Nachfolger auf dem Thron, denen er damit das Vorbild vor Augen stellt.

Bei der Beurteilung dieser Reden muß man weiter bedenken, daß Euseb in origenistischer Tradition stand. Origenes hatte eine vielschichtige Beurteilung der Kaiserinstitution vertreten. Sicher kannte Euseb aus der Schrift des Meisters *Contra Celsum* (Gegen Kelsos) die folgende Passage: »Nun, was uns Christen betrifft, so müssen wir die ›Gewogenheit‹ von Menschen und Königen verachten, nicht nur, wenn solche Gewogenheit durch Mord oder Unzucht oder rohes Tun gewonnen wird, sondern selbst dann, wenn wir sie uns verschaffen könnten mit einer Untreue gegen den Gott des Weltalls, oder durch den Ausdruck einer gewissen Knechtsgesinnung oder mit einem kleinen Wörtlein sklavischer Untertänigkeit ... Wir aber halten dafür, daß dem Kaiser keineswegs die unbeschränkte Herrschaft über die ganze Erde verliehen wurde, und daß wir längst nicht alles, was wir auf dieser Erde empfangen, von ihm empfangen. Denn was wir auf gerechte und gute Weise empfangen, das empfangen wir von Gott und seiner Vorsehung.«[405]

Auch das Werk *De Vita Constantini* (Über das Leben

Konstantins) entspricht zu gutem Teil den hellenistischen Regeln, die für ein »Kaiserleben« galten. Es ist also keine eigentliche, umfassende Biographie, sondern wählt Aspekte aus. Von den für ein »Kaiserleben« seit hellenistischer Zeit vorgeschriebenen inhaltlichen Kategorien nimmt es nur diejenigen auf, die sich verchristlichen ließen. Euseb hat nach Möglichkeit den profanen Bereich ausgeklammert,[406] da er auf diese Weise vielen schwierigen Entscheidungen und Phasen der Regierung des Kaisers aus dem Wege gehen konnte. Nicht verleugnen wollte er auch seine wissenschaftliche Methode. Historische, nicht panegyrische Interessen leiteten vielfach Stoffauswahl und Darlegung. Zudem hat er auch hier Briefe, Edikte und Urkunden teilweise recht beträchtlichen Umfanges im Wortlaut zitiert. Das widersprach völlig den für dieses literarische Genos der Kaiserbiographie geltenden Regeln.

Besonders hervorhebenswert ist die kirchenpolitische Konsequenz, die Euseb in diesem Werk aus den arianischen Streitigkeiten zieht. Konstantin wird von ihm als eine Instanz gewertet, die über Bischöfen und Synoden steht und die den Theologen an theologischer und politischer Reife überlegen ist.[407] Vom ersten ökumenischen Konzil zu Nikaia sagt Euseb: »Da begannen die einen [Bischöfe] die anderen anzuklagen, diese aber verteidigten sich und erhoben Gegenbeschuldigungen. Als nun so von beiden Seiten sehr viel vorgebracht wurde und anfänglich ein großer Streit tobte, hörte der Kaiser langmütig allen zu und nahm mit gespannter Aufmerksamkeit das Vorgebrachte entgegen, und indem er sich in einzelnen Punkten für das aussprach, was von einer jeden Partei gesagt wurde, brachte er allmählich die streitsüchtigen Gemüter einander näher. Und weil er sich in ruhiger Milde an die einzelnen wandte und sich dabei der griechischen Sprache bediente, die ihm auch nicht unbekannt war, erschien er freundlich und gefällig; so konnte er die einen überzeugen, andere durch seine Worte beschämen, die, welche trefflich redeten, loben, alle aber zur Eintracht anfeuern, bis er es schließlich erreichte, daß sie über alle strittigen Punkte eines Sinnes und einer Meinung waren.«[408] Noch deutlicher ist eine andere Stelle, die vom Bischofstum Konstantins spricht und in der Forschung viel Beachtung gefunden hat[409]: »In vorzüglichem Maße aber widmete er der Kirche Gottes seine Sorge, und so berief er, als sich in verschiedenen Ländern manche untereinander entzweiten, Versammlungen der Diener Gottes, wie wenn er von Gott zum Bischof aller aufgestellt wäre. Er verschmähte es nicht, mitten unter den Versammelten zu erscheinen und zu sitzen; er nahm an ihren Beratungen teil, bestrebt, allen die Wohltat des göttlichen Friedens zu verschaffen. So saß er mitten unter ihnen wie einer aus den vielen Anwesenden; ... Da spendete er dann allen, die er willig der besseren Ansicht beistimmen und bereit sah, in Ruhe und Eintracht zu leben, sein höchstes Lob, und er zeigte sich erfreut, daß sie alle eines Sinnes waren. Die Unfügsamen hingegen wies er mit Abscheu von sich zurück.«[410]

Ungewöhnlich war es, daß das Werk einige distanzierende und kritische Töne erkennen ließ. Das wich nun von den Regeln eines hellenistischen Kaiserlobes völlig ab. Eine gewisse Reserve kommt in dem Bericht über Konstantins Kreuzesvision, die der Kaiser vor der Schlacht gegen Maxentius an der Milvischen Brücke meinte gehabt zu haben, zum Ausdruck: »Während der Kaiser aber so betete und eifrig darum [um den Sieg] flehte, erschien ihm ein ganz unglaubliches Gotteszeichen, das man wohl nicht leicht gläubig hinnehmen würde, wenn ein anderer davon berichtete; da es aber der siegreiche Kaiser selber uns, die wir diese Darstellung schreiben, lange Zeit hernach, als wir seiner Freundschaft und des Verkehres mit ihm gewürdigt worden waren, erzählt und sein Wort mit Eidschwüren bekräftigt hat, wer sollte da noch Bedenken tragen, der Erzählung Glauben zu schenken, zumal auch die Folgezeit der Wahrheit seines Wortes Zeugnis gab? Um die Stunde der Mittagzeit, da sich der Tag schon neigte, habe er, so sagte der Kaiser, mit eigenen Augen oben am Himmel über der Sonne das Siegeszeichen des Kreuzes, aus Licht gebildet, und dabei die Worte gesehen: ›Durch dieses siege!‹ Staunen aber habe bei diesem Gesichte ihn und das ganze Heer ergriffen.«[411] Zwei Aspekte waren es, die Euseb an diesem Bericht nicht gefallen konnten. Das eine war die Konzentration auf das Kreuz als das zentrale Zeichen und Kernstück christlichen Glaubens. Für Euseb war es ja nur ein Element unter anderen im irdischen Leben des Logos. Das andere war die Erscheinungsweise, die noch von der Sonnengottvorstellung des Kaisers geprägt war. Euseb berichtete, brachte aber seine eigene Skepsis mehrfach zum Ausdruck.

Auf zwei weitere Stellen verwies schon Giorgio Pasquali[412]: Konstantin habe erbauliche Ansprachen vor dem kaiserlichen Hof gehalten, doch fruchteten sie wenig. »Mit der Zunge wohl und mit lauten Beifallsrufen stimmten sie seinen Worten bei, bei ihren Werken aber achteten sie in ihrer unersättlichen Habgier nicht darauf.« »Da aber die Bösen keine Furcht vor dem Tode von ihrer Schlechtigkeit abhalten konnte, weil der Kaiser ganz in Milde aufging und von den Statthaltern der einzelnen Provinzen nie einer gegen die Fehlenden einschreiten wollte, so veranlaßte dies einen außergewöhnlich starken Tadel gegen die gesamte Staatsregierung, ob mit Recht oder nicht, das mag ein jeder nach seinem Belieben entscheiden; mir soll es aber obliegen, die Wahrheit zu berichten.«[413]

Zwei Übel der Regierungszeit Konstantins nannte Euseb, zum einen die Zunahme gewalttätiger Menschen, zum anderen das Eindringen von Scheinchristen in die

Kirche. »Seine Güte und Rechtschaffenheit, sein aufrichtiger Glaube und sein wahrheitliebender Charakter bewogen aber den Kaiser, der Verstellung dieser Scheinchristen zu trauen, die ihr Inneres verbergen und sich den Anschein gaben, als hegten sie eine aufrichtige Ergebenheit gegen ihn. Und da er sich solchen Leuten anvertraute, verfiel er wohl auch manchmal auf Ungehöriges; es war dies ein Makel, den der Neid seinen herrlichen Eigenschaften beifügte.«[414] Man bezog diese Stelle meist auf Eusebs theologische Gegner, doch scheint mir dieser Blickwinkel zu eng zu sein.

Wir wissen nicht, ob Euseb dieses Werk vor oder nach dem Tode des Kaisers begann. Anfang wie Schluß, die vielleicht in einem fortgeschrittenen Stadium der Arbeit geschrieben sein könnten, lassen erkennen, daß Euseb das in dieser Schrift gebotene Idealbild des von ihm verehrten Kaisers zu einer Orientierungsnorm für Konstantins Söhne und Nachfolger erheben wollte. Das Werk erhält so den Charakter eines Vermächtnisses und einer Warnung, natürlich neben der Absicht, Konstantin ein literarisches Denkmal zu setzen: »Er allein hatte ja unter den römischen Kaisern Gott den höchsten Herrn mit unglaublicher Frömmigkeit verehrt, er allein mit Freimut die Lehre Christi verkündet, er allein seine Kirche verherrlicht wie nie einer seit Menschengedenken, er allein jeden Irrtum der Vielgötterei ausgerottet und alle Arten von Götzendienst abgeschafft – und so war er denn auch allein solcher Ehren im Leben und nach dem Tode gewürdigt, wie niemand wohl sie an einem andern, sei es bei den Griechen oder bei den Barbaren, ja selbst nicht bei den ältesten Römern aufweisen kann, da noch von keinem solchen Kaiser seit Anbeginn der Zeiten bis auf unsere Tage ist berichtet worden.«[415]

Euseb konnte sich darauf verlassen, daß seine Zeitgenossen, Zuhörer und Leser, bei Hofe und unter den Gebil-

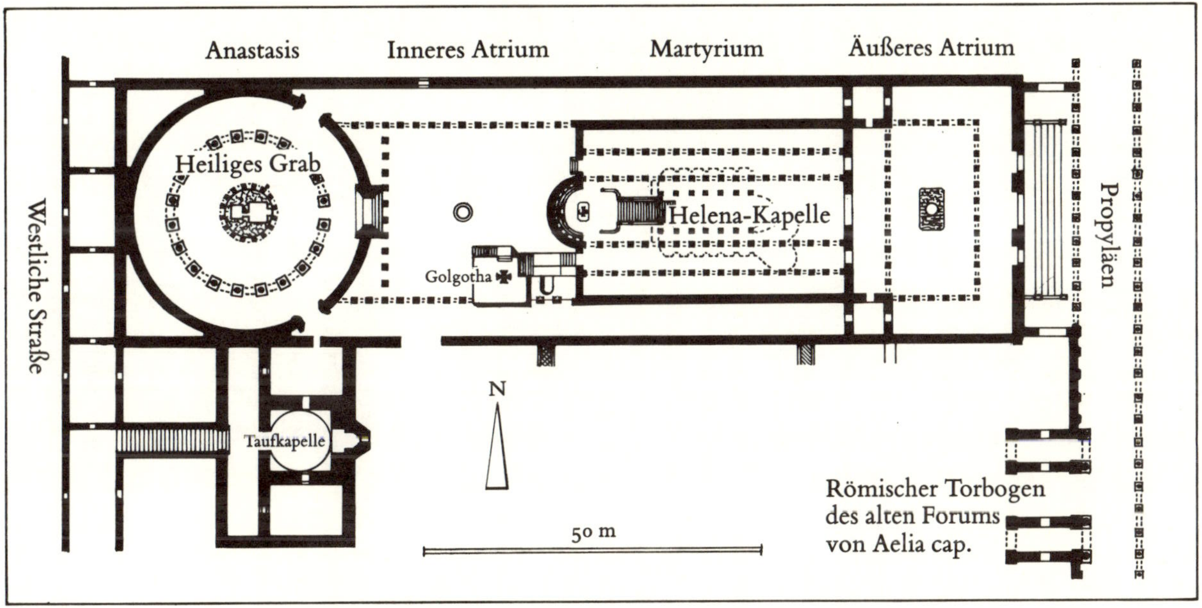

Grundriß der Konstantinischen Grabeskirche in Jerusalem

deten die Gesetze solcher Lobreden genau kannten und deshalb die besonderen Akzente und Abweichungen heraushörten und registrierten. Er wußte, daß seine Aussagen in dem Sinne wirkten, wie sie von ihm gemeint waren. Davon zu unterscheiden ist die Wirkung auf die nachfolgenden Generationen, die diese Werke offensichtlich nur wenig zur Kenntnis nahmen und denen ja auch die Möglichkeit fehlte, den Zeitbezug herzustellen, und die darum stärker in ihnen das Allgemeine und allgemeingültige Aussagen sahen. Aus der Schrift »Über das Leben Konstantins« haben die griechischen Kirchenhistoriker, die Nachfolger Eusebs, einiges Material entnommen und in ihre Werke eingebaut. Sie wurde jedoch keineswegs Vorbild der christlichen Heiligenbiographie, einer in dieser Zeit entstehenden neuen Literaturgattung. Diese empfing von Euseb keine Anregung. Ja, selbst die Legendenbildung um Kaiser Konstantin und um seine Mutter Helena ging an Euseb vorbei und griff nur in Ausnahmefällen auf von ihm gebotenes Material zurück.[416] Das von ihm gebotene Konstantinbild war viel zu vielschichtig. Das Werk ist uns in einigen Handschriften überliefert, doch meist als Anhang zur Kirchengeschichte Eusebs. Die Überlieferung der beiden Kaiserreden ist noch viel schlechter. Anders wiederum ist die Wirkung auf uns, da wir das notwendige Gespür für panegyrische Äußerungen der Spätantike nur mit sehr viel Mühe aufbringen können, weil die Gleichzeitigkeit eben fehlt. Daher kann es sehr leicht zu Fehldeutungen gerade der politischen Aussagen Eusebs kommen.

Der politische Theologe

Schon zu Anfang dieses Buches wurde gezeigt, daß Jacob Burckhardt Euseb unlautere politische Absichten und Methoden unterstellte. In gewisser Weise auf Burckhardt aufbauend, wurde die politische Komponente bei Euseb in besonderer Weise von Erik Peterson diskreditiert und damit das Eusebbild nachhaltig negativ beeinflußt.[417] Für Peterson gilt Euseb als Hauptrepräsentant einer vom Grundansatz her falschen Christologie, deren Ergebnis eine politische Theologie ist. Eine solche hält Peterson grundsätzlich für einen Irrweg, da sie nur dem Boden einer fehlentwickelten Theologie entwachsen könne. Der Einleitungssatz seiner Studie ist noch zurückhaltend, wenn auch sehr problematisch: »Für den Christen kann es politisches Handeln immer nur unter der Voraussetzung des Glaubens an den dreieinigen Gott geben. Dieser Glaube steht jenseits von Judentum und Heidentum, von ›Monotheismus‹ und ›Polytheismus‹. An einem historischen Beispiel soll die innere Problematik einer am ›Monotheismus‹ sich orientierenden ›politischen Theologie‹ aufgezeigt werden.« Im Laufe der Untersuchung kommt er jedoch zu unhaltbarer Verallgemeinerung: »Doch die Lehre von der göttlichen Monarchie mußte am trinitarischen Dogma … scheitern. Damit ist nicht nur theologisch der Monotheismus als politisches Problem erledigt und der christliche Glaube aus der Verkettung mit dem Imperium Romanum befreit worden, sondern auch grundsätzlich der Bruch mit jeder ›politischen Theologie‹ vollzogen, die die christliche Verkündigung zur Rechtfertigung einer politischen Situation mißbraucht. Nur auf dem Boden des Judentums oder Heidentums kann es so etwas wie eine ›politische Theologie‹ geben.«[418] Damit ist dann auch Euseb als Theologe »erledigt«.

Diese These hat Auswirkungen, deren sich Peterson wohl gar nicht bewußt war. Es ist hier nicht der Ort, auf seine Grundthese und ihre Auswirkung auf die Trinitätslehre der orthodoxen Kirchen einzugehen. Außerdem hat Petersons Buch gründliche Analysen gefunden, die es aus seiner Zeit und der Theologie des Verfassers deuten.[419]

Selbst bei Gerhard Ruhbach, der Euseb von dem Petersonschen Verdikt befreien möchte, wirkt die Monotheismusthese noch nach: »Das Grundproblem der eusebianischen Theologie liegt darin, daß sie nicht konsequent christologisch im Sinne der sich herausbildenden Trinitätslehre konzipiert war. Dadurch erhielt das Kaisertum die Möglichkeit, einen nicht trinitarisch begründeten Monotheismus zur theologischen Grundlage des neuen christlichen Imperiums zu erheben.«[420] Aber politische Theologie gab es ebensogut auf dem Boden der trinitarischen Lehre.[421] Ruhbach sieht in Euseb eher einen weltabgewandten Apologeten: »Daß Euseb eine distanzierte Stellung zur Welt hatte, ergibt sich auch aus seinem Verhältnis zu Konstantin«, oder: »Weil er jedoch nicht die Fähigkeit zu systematischem Denken besaß ... wurde er bis in die Gegenwart hinein mißverstanden«.[422] Das ist nicht die Lösung.

Euseb – so wurde in der vorliegenden Darstellung zu zeigen versucht – ist zu einem politisch denkenden und sich äußernden Menschen durch die großen historischen Zäsuren, die sein Leben betrafen, herangereift, einem Menschen, der seine theologischen Erkenntnisse sowohl in größere Deutungszusammenhänge umzusetzen versuchte als auch Konsequenzen für die Praxis daraus zog. Dabei war es nicht die Gesellschaft im umfassenden Sinne, die Euseb im Blick hatte, sondern kulturelle Entwicklung, Kirchenpolitik und weltliche Herrschaft, für die er christliche Akzente setzen wollte. Er tat das auf eine mehr zurückhaltende, aber für die Zeitgenossen doch eindeutige Art. Es ist ein längerer Prozeß bei Euseb zu beobachten, angeregt durch besondere Erfahrungen wie die große Verfolgung, die Tolerierung des Christentums, die theologisch-kirchenpolitischen Auseinandersetzungen, der Kontakt mit dem Kaiser, die Kenntnis des Hofes und der Prinzen. So ist es nicht nötig, etwa das Jahr 335 als

Wendejahr zu betrachten,[423] und ist es nicht richtig, zwischen der eigentlichen Theologie und der politischen Theologie bei Euseb zu unterscheiden[424] und letztere als einen Fehltritt anzusehen.

Ist Euseb damit zum »kaiserlichen Chefideologen« geworden, zum Wegbereiter des Cäsaropapismus? Überzeugend hat Jean-Marie Sansterre dargelegt, daß Konstantins eigene Kaiservorstellung wesentliche Unterschiede zu den Vorstellungen in Eusebs Spätschriften aufwies.[425] Der Kaiser war nicht der gelehrige Schüler Eusebs. Zudem stand er noch unter anderen Einflüssen. Von christlicher Seite waren hier besonders der Rhetor Laktanz und der Bischof Euseb von Nikomedeia zu nennen.

Und wie steht es mit der Nachwirkung der Konstantinschriften Eusebs? Alois Grillmeier schreibt: »Der ›theologische‹ Eusebius ist von kürzerer Lebensdauer [als der politische]. Sein Einfluß ist noch nicht genügend erforscht und vielleicht unterschwellig größer, als aus direkten Zitaten und Ideenverwandtschaft nachgewiesen werden kann.«[426] Doch hatten wir schon auf die geringe Wirkung der Konstantinschriften Eusebs hingewiesen. Peterson hatte Beispiele für die spätere Wirkung der politischen Auffassungen Eusebs aus der patristischen Literatur gegeben.[427] Sie belegen jedoch keine direkte Abhängigkeit, sondern gehen auf schon vor Euseb im christlichen Bereich beheimatete synchronistische oder exegetische Traditionen zurück.

Gewirkt haben vor allem Eusebs exegetische, apologetische, historische und kulturtheologische Werke und Konzeptionen, deren Einfluß sich auch sein theologischer Gegner Athanasios von Alexandreia nicht entziehen konnte.[428] Aber es waren gerade nicht die politischen Aspekte, die auf Athanasios weiterwirkten.

Epilog

Hans-Georg Beck gab seinem Buch über »Kaiserin Theodora und Prokop« den Untertitel: »Der Historiker und sein Opfer«[429]. Der Historiker Prokop vor allem hat das Bild der verworfenen und herrschsüchtigen Theodora, der Gemahlin Kaiser Justinians I., entworfen, das bis in die Gegenwart wirkt. Ein Biograph wird sich immer der großen Verantwortung bewußt sein müssen, ist ihm doch der Dargestellte auf Gedeih und Verderb ausgeliefert. Im Falle Eusebs ließ sich über Person und Charakter nur wenig Begründetes sagen, da die Quellen dafür nichts hergeben. Euseb hat keinen nennenswerten Briefwechsel hinterlassen. Skandalhistörchen werden über ihn nicht tradiert. So mußte unsere Aufgabe vor allem auf eine Würdigung seines Werkes und seiner Konzeptionen ausgerichtet sein. Deshalb bemühten wir uns, seine Leistung im Rahmen seiner Zeit zu würdigen und ihn selbst zu Wort kommen zu lassen.

Methode und Voraussetzung der Gewinnung unseres Eusebbildes seien noch einmal in Kürze genannt. Wir gingen davon aus, daß Euseb ganz entscheidend von dem kulturellen, religiösen, geistigen, sozialen, wirtschaftlichen Milieu Kaisareias geprägt war und daß dieser Einfluß kein kleinstädtisches Gepräge trug. Wir vergegenwärtigten uns weiter jeweils die Stufen der Entwicklung Eusebs und ordneten sie den großen historischen Zäsuren in seinem Leben zu. Bei Ausbruch der Verfolgung war er Anfang bis Mitte 40, bei Beendigung der Verfolgung im Osten Anfang bis Mitte 50 – zu dieser Zeit wurde er auch zum Bischof geweiht -, beim Beginn eines persönlichen Kontaktes mit Kaiser Konstantin und den arianischen Auseinandersetzungen Anfang bis Mitte 60, beim Verfassen seiner Konstantinschriften Anfang bis Mitte 70 Jahre alt. Wir glauben, daß er in der für die Christen friedlichen und den gelehrten Studien gewogenen Zeit bis zum Ausbruch der Verfolgung sowohl sein geistiges und wissenschaftliches Profil gewonnen als auch seine Konzeptionen erarbeitet und Material für alle weiteren Arbeiten im wesentlichen gesammelt haben konnte. Die großen Zäsuren trafen ihn als längst ausgereiften und profilierten Mann. Zwar reagierte er auf ihre Impulse, lernte aus ihnen, entwickelte sich weiter, doch ohne seine geistige Basis zu verändern. So bemühte er sich, die großen geschichtlichen Anregungen seiner Zeit zu verarbeiten, und scheute sich auch nicht, aus seinen Erkenntnissen kulturtheologische und politische Konsequenzen zu ziehen. Schlüsselerlebnisse waren für ihn – von der Prägung durch die Schule des Pamphilos abgesehen – die große Verfolgung, die Anerkennung des Christentums durch die Kaiser und seine Bischofswahl. Als er mit Kaiser Konstantin in persönlichen Kontakt kam und die sogenannten arianischen Streitigkeiten begannen, war er bereits etwa zehn Jahre Metropolit, besaß also auch viel seelsorgerliche und diplomatische Erfahrung. Wir gehen davon aus, daß ein Mann von der Qualität Eusebs – selbst wenn er zur Eitelkeit geneigt hätte und durch die Gunsterweise des Kaisers geschmeichelt gewesen wäre – im Alter von 60/65 Jahren genügend kritischen Sinn, historischen Überblick und Lebenserfahrung besaß, um die Gefahren für Gegenwart und Zukunft, die sich für Kirche wie Theologie ebenso wie für den christlichen Staat und die Kultur ergeben konnten, zu erkennen. Seine Konstantinschriften standen am Ende seines Lebens, als er sich in der ersten Hälfte seines achten Lebensjahrzehnts befand. Er hatte Zeit gehabt, sowohl den Kaiser als auch die Atmosphäre am Hof kennenzulernen. So haben diese Äußerungen der letzten Lebensjahre etwas von Vermächtnis an sich, wenn man sie an den Maßstäben ihrer Zeit mißt. Als Vermächtnis waren nicht nur die politischen Schriften, sondern auch die theologischen, gegen Markellos von Ankyra gerichteten, gedacht. Mit ihnen wollte er für die weitere theologische Entwicklung Signale geben, wenn seine Leistung auf diesem Gebiet in unseren Augen auch nicht sehr eindrucksvoll ist. Polemische Altersschriften sind eben manchmal durchaus problematisch. Wir dürfen uns durch sie nicht den Blick für eine gerechte Beurteilung Eusebs trüben lassen: Sein Gesamtwerk nötigt uns alle Achtung ab. Er hat Maßstäbe gesetzt, die für die weitere Entwicklung von Historiographie und kritischer Bibelwissenschaft von Bedeutung waren. Und die Mehrzahl seiner Werke ist bis heute für den Historiker von hohem Wert.

In allem verstand er sich als Theologe, der seine Fähigkeiten und Möglichkeiten voll und ganz in den Dienst der Kirche und der christlichen Kultur stellte. Ob er zum Heiligen taugte, das haben wir nicht zu entscheiden. Daß er aber den Gelehrten immer als ein Vorbild dienen kann, wird man mit gutem Gewissen sagen dürfen.

Verzeichnis der Abkürzungen

ANRW	Aufstieg und Niedergang der römischen Welt, Berlin 1972 ff.
B.	Buch
Bd., Bde.	Band, Bände
CSEL	Corpus scriptorum ecclesiasticorum latinorum, Wien 1866 ff.
Ep.	Epistula (Brief)
GCS	Die griechischen christlichen Schriftsteller, Leipzig (nach 1945 Berlin) 1897 ff.
K.	Kapitel
Mansi	*J. D. Mansi:* Sacrorum conciliorum nova et amplissima collectio. Bd. 1 ff., Florenz/Venedig 1759–1827
PG	*J.-P. Migne:* Patrologiae cursus completus. Series graeca. Bd. 1 ff., Paris 1857–1866
PL	*J.-P. Migne:* Patrologiae cursus completus. Series latina. Bd. 1 ff., Paris 1841–1864
RAC	Reallexikon für Antike und Christentum. Bd. 1 ff., Stuttgart 1950 ff.
RECA	Real-Encyclopädie der classischen Alterthumswissenschaft. Bd. 1 ff., Stuttgart 1894 ff.
S.	Seite, Seiten
SCh	Sources chrétiennes. Bd. 1 ff., Paris 1941 ff.
Sp.	Spalte, Spalten
TRE	Theologische Realenzyklopädie. Bd. 1 ff., Berlin 1974 ff.
ZNW	Zeitschrift für die neutestamentliche Wissenschaft und die Kunde der älteren Kirche
[ ]	Zusätze des Verfassers vorliegender Biographie in Zitaten

Anmerkungen

Wo nähere bibliographische Angaben fehlen, verweisen Verfassername (kursiv) und ggf. Kurztitel auf das Literaturverzeichnis. Zu den verwendeten Kürzeln vgl. das Abkürzungsverzeichnis.

1 Vgl. *Wallace-Hadrill; Barnes; Lightfoot; Schwartz; Moreau.*
2 *Cicero:* De legibus, B. 1,1,5.
3 *O. Bardenhewer:* Geschichte der altkirchlichen Literatur. Bd. 2, Freiburg i. Br.[2]1923, S. 243.
4 *Lietzmann:* Geschichte, S. 154.
5 *Schwartz*, S. 497.
6 *B. Altaner/A. Stuiber:* Patrologie, Freiburg/Basel/Wien [7]1966, S. 217.
7 *C. Schmitt:* Politische Theologie. Bd. 2, Berlin 1970, S. 69.
8 *Moreau*, Sp. 1053.
9 *J. Burckhardt:* Die Zeit Constantins des Grossen (Gesammelte Werke, Bd. 1) Berlin o. J., S. 239, 262, 271f., 292.
10 *Lietzmann:* Geschichte, S. 154.
11 *Athanasios:* Apologia, K. 77, 10; 87,1; S. 157, 165.
12 *Athanasios:* De decr., K. 33. Von späteren Schriftstellern wurde gerade dieser Brief oft als Beweis für den Arianismus des Euseb verwendet. Vgl. auch *H. v. Campenhausen:* Das Bekenntnis Eusebs von Caesarea (Nicaea 325), in: ZNW 67 (1961), S. 123–139.
13 *Athanasios:* Apologia, K. 8,3; S. 94.
14 *Epiphanios:* Panarion, B. 68, 8, 3–5, in: Epiphanius Werke (GCS). Hg. v. *K. Holl/J. Dummer.* Bd. 3, Berlin [2]1985, S. 148f.
15 Vgl. besonders *Hieronymus:* Contra Rufinum, B. 2,15; Sp. 437C.
16 Ebd., Sp. 403, 407B, 408B, 437C, 483B.
17 *Mansi*, Bd. 13, Sp. 177D–180C.
18 *Euseb:* Kirchengeschichte, B. 7,18.
19 *Mansi*, Bd. 13, Sp. 313; *Pitra,* S. 383–386.
20 *Mansi*, Bd. 13, Sp. 177, 180, 313–316.

21 *Pitra*, S. 371–503; *P. J. Alexander:* The Patriarch Nicephorus of Constantinople, Oxford 1958, S. 173–177.
22 *Pitra*, S. 380, 14–19.
23 *Nikephoros:* Apologia minor, K. 11, in: PG Bd. 100, Sp. 848C.
24 *Photios:* Ep. 144; Bibliotheca, cod. 13. 18.
25 *C. Baronius:* Annales ecclesiastici a Christo nato ad annum 1198, Bd. 1–12, Rom 1588–1607; Bd. 3, a. 318 § 90. 105; a. 326 § 22; a. 340 § 38–40.
26 *Basileios:* De spiritu sancto, K. 29,72, in: SCh Bd. 17. Hg. v. *B. Pruche*, Paris 1946, S. 248.
27 *Sokrates*, B. 2,2,1; S. 233.
28 *Sozomenus*, B. 1,1,12; S. 8.
29 *Theodoret:* Haereticarum fabularum compendium, in: PG Bd. 83, Sp. 340AB.
30 *Johannes Malalas:* Chronographie, in: PG Bd. 97, Sp. 133A, 149A, 353B, 396A.
31 *Hieronymus:* Contra Rufinum, Sp. 438C.
32 *Photios:* Bibliotheca, cod. 13.196.
33 *Germanos*, Sp. 48A.
34 *Euseb:* De vita Const. B. 4,61–63.
35 *Germanos*, Sp. 53A.
36 *Sokrates*, B. 2,4. Sokrates – er schreibt in Konstantinopel nach 439 – sagt nichts über ihren Inhalt, scheint sie demnach nicht direkt gekannt zu haben.
37 *Harnack*, Bd. II, 2, S. 106f.; *Schwartz*, S. 495f.; *Moreau*, Sp. 1054; *Barnes*, S. 94. 277; *Wallace-Hadrill.*
38 *Lietzmann:* Martyrologien, S. 11.
39 *Sokrates*, B. 2,3,5; 4; 5; *Harnack*, Bd. II, 2, S. 110.
40 *Athanasios:* De decr., Urkunde 22; S. 43.
41 *Josephus:* Jüd. Krieg, § 408,410–415; S. 109f.
42 *Josephus:* Jüd. Altertümer, B. 15,9,6; S. 349.
43 *Levine; M. Avi-Yonah:* Gazetteer of Roman Palestine, Jerusalem 1976, S. 44; *ders.:* Encyclopaedia of Archeological Excavations in the Holy Land. Bd. 1, London 1975, S. 270–285; *R. L. Hohlfelder/J. P. Oleson/A. Raban:* Sebastos. Herod's Harbor at Caesarea Maritima, in: Biblical Archaeologist 46 (1983), S. 133–143.
44 *Josephus:* Jüd. Krieg, B. 2,9,2; *vgl. B. Lifshitz*, in: ANRW Bd. II,8, Berlin/New York 1977, S. 501f.
45 *Tacitus:* Historiarum libri, B. 2,78, in: P. Cornelii Taciti libri qui supersunt. Hg. v. *H. Heubner.* Bd. 2,1, Stuttgart 1978.
46 *O. Seeck:* Notitia dignitatum, Berlin 1876, S. 247.
47 *Libanios:* Ep. 337, in: Libanii Opera. Hg. v. *R. Förster.* Bd. 10, Leip-

zig 1921, S. 315. Vgl. zudem *M. Avi-Yonah,* in: RECA Supplementband XIII, München 1973, Sp. 408, 415.

48 *Euseb:* De mart. K. 6,1; 7,7; 8,3; S. 920, 924, 925.

49 *Ammianus Marcellinus:* Römische Geschichte, B. 14, 8,1f, in: Ammiani Marcellini rerum gestarum libri qui supersunt. Hg. v. *W. Seyfarth.* Bd. 1, Leipzig 1978, S. 23f.

50 *Expositio totius mundi et gentium,* § 26, S 160.

51 Jerusalemer Talmud Demai II 1,22c. Vgl. *S. Liebermann,* in: Annuaire de l'Institut de Philologie et d'Histoire Orientale et Slaves 7 (1939/40), S. 402 Anm. 41; *Levine,* S. 227 Anm. 3.

52 *Euseb:* De mart., K. 3,3; 8,1.13; 11,5–8; 13,3; *ders.:* Kirchengeschichte, B. 5,25.

53 *I. Kadman:* The Coins of Caesarea Maritima, Tel Aviv 1957 (Corpus Nummorum Palaestinensium 2), S. 56f.

54 *Euseb:* De mart., K. 4,8.

55 Rabbinische Belege bei *Levine.* S. 83, 208; christl. Belege bei *Origenes:* Ep. ad Iul., § 5.

56 *Levine,* S. 81. 204f; *Origenes:* Ep. ad. Iul., § 6–8; *H. Crouzel:* L'école d'Origène à Césarée, in: Bulletin de littérature ecclésiastique NS 71 (1970), S. 15–27.

57 *Levine,* S. 109–112.

58 Ebd., S. 59.

59 Ebd., S. 102ff.

60 *Euseb:* Kirchengeschichte, B. 6,30; 7,20.

61 *Gregor Thaumaturgos:* In Origenem oratio panegyrica, § 123f., 151f., 182; in: SCh Bd. 148. Hg. v. *H. Crouzel,* Paris 1969; vgl. zum Autor *P. Nautin:* Origene, Paris 1977, S. 183ff.; vgl. weiter *Origenes:* In Canticum, S. 75–79 (Erziehungsprogramm des Origenes).

62 *Euseb:* Kirchengeschichte, B. 6,32,3.

63 *Isidor von Sevilla:* Etymologiae, B. 6,6, in: PL Bd. 81.

64 *Hieronymus:* Ep. 34, § 17; S. 260,5–7.

65 *F. Winkelmann:* Charakter und Bedeutung der Kirchengeschichte des Gelasios von Kaisareia, in: Byzantinische Forschungen 1 (1966), S. 346–385.

66 *Des Places* (Théologie historique: S. 63). Zur Bibliothek vgl. *A. Ehrhard,* in: Römische Quartalsschrift 5, (1891) S. 221ff.; *C. Wendel/W. Göber:* Handbuch der Bibliothekswissenschaften. Bd. 3,1, Wiesbaden 1955, S. 131ff.; *P. Collinet:* Histoire de l'école de droit de Beyrouth, Paris 1925, S. 28; *R. Cadiou:* La bibliothèque de Césarée et la formation des chaînes, in: Recherches de science religieuse 16 (1936), S. 474–483.

67 *Euseb:* Kirchengeschichte, B. 6,38.

68 *Euseb:* Demonstratio, B. 1,1; 4,16; 6,11.
69 *Origenes:* Homiliae, Sp. 1360A.
70 *Euseb:* De mart., § 12.
71 *Expositio totius mundi et gentium,* § 31, S. 164.
72 *J. W. Crowfoot/K. Kenyon/E. L.Sukenik:* Samaria – Sebaste. Bd. 3, London 1958, S. 56; *A. Frova:* Scavi di Caesarea Maritima, Rom 1966, S. 230f.
73 *Euseb:* Kirchengeschichte, B. 7,32,2.
74 Ebd., B. 6,20,1.
75 Ebd., B. 8,7,2; 8,9,4.
76 *Barnes,* S. 253.
77 *Euseb:* De vita Const, B. 3,6; 4,43.
78 *F. Fuchs:* Enkyklios Paideia, in: RAC Bd. 5, Stuttgart 1962, Sp. 365 bis 398; *Ph. Kukules:* Byzantinōn bios kai politismos. Bd. 1,1, Athen 1948, S. 35–137.
79 *Euseb:* Kirchengeschichte, B. 7,32,25f.; *Haeuser,* S. 356. Vgl. *Euseb:* Kirchengeschichte, B. 6,32,3; 8,13,6; *ders.:* De mart., § 11,3.
80 *Euseb:* Kirchengeschichte, B. 7,32,26.
81 *Euseb:* De mart., § 11,1f.; 7,4ff.; S. 931–934, 923f; *Photios:* Bibliotheca, cod. 118.
82 *Euseb:* De mart., § 4,5.
83 *Euseb:* Kirchengeschichte, B. 6,20,1.
84 Dafür mußten die Texte mit eigener Hand abgeschrieben werden, wie *Hieronymus:* De viris illustribus, 75, von Pamphilos sagt (Hg. v. *C. A. Bernoulli:* Der Schriftstellerkatalog des Hieronymus, Freiburg i. B. u. Leipzig 1895, S. 44f.).
85 *G. Gentz/K. Aland:* Die Quellen der Kirchengeschichte des Nicephorus und ihre Bedeutung für die Konstituierung des Textes der ältesten Kirchenhistoriker, in: ZNW 42 (1949), S. 104–141.
86 *Euseb:* Kirchengeschichte, B. 6,16.
87 *Harnack,* Bd. I,1, S. 543f.
88 *A. F. C. Tischendorf:* Codes Friderico-Augustanus, Leipzig 1846, Folio 13 u. 19.
89 *Euseb:* De vita Constantini, B. 4,36; *Pfättisch,* S. 167.
90 *Euseb:* Kirchengeschichte, B. 6,36,4.
91 Vgl. auch *Ruhbach:* Apologetik, S. 11–20.
92 *Euseb:* Jesajakommentar, Jes 39,1; S. 245,30.
93 *Euseb:* Kirchengeschichte, B. 4,8,8; 8,17,11; 7,13.
94 *T. D. Barnes:* Tertullian. A historical and literary study, Oxford 1971, S. 6.
95 *A. Harnack:* Mission und Ausbreitung des Christentums in den ersten drei Jahrhunderten. I, Freiburg [4]1924, S. 426f.

96 *Geerard,* Nr. 3465, 3466, 3470, 3476, 3488, 3490, 3494, 3495.
97 *Sokrates,* B. 2,4; S. 185.
98 Keines der alten Werkverzeichnisse ist ganz vollständig. Vgl. auch *Harnack,* Bd. I,2, S. 552–554; Bd. II,2, S. 110–127; *Schwartz,* S. 504 bis 598; *Moreau,* Sp. 1062–1070.
99 *Harnack,* Bd. II,2, S. 120.
100 PG 22, Sp. 1024A.
101 *Euseb:* Praeparatio, S. LVIII.
102 Text des Briefes in: Novum Testamentum Graece. Hg. v. *E. Nestle/K. Aland,* Stuttgart [26]1979, S. 72*–78*. In dieser Edition sind am inneren Rand der Evangelientexte die Abschnitts- und Kanonzahlen Eusebs vermerkt.
103 *Euseb:* Onomasticon; syrische Fragmente bei *I. Rahmani/E. Power/E. Tisserant/R. Devreesse.*
104 *Euseb:* Onomasticon, S. 2,14–20.
105 Ebd., S. 20,9–14.
106 *M. Noth:* Die Welt des Alten Testaments, Berlin 1953, S. 52.
107 Selecta in Ps 132,3, in: PG Bd. 12, Sp. 1652A/B.
108 Vgl. vor allem *J. Daniélou:* Origène, Paris 1948, S. 145–198; *H. de Lubac:* Histoire et Esprit. L'intelligence de l'Écriture d'après Origène, Paris 1950, S. 139–194.
109 *Euseb:* Jesajakommentar, S. 3,1–17.
110 *Wallace-Hadrill,* S. 79–99.
111 *des Places,* S. 169–179.
112 *Euseb:* Jesajakommentar, S. 227–230.
113 *Euseb:* Kirchengeschichte, B. 10,4.
114 Ebd. B. 10,4,33; *Haeuser,* S. 420.
115 *Euseb:* Praeparatio, B. 1,3,4f.; S. 10.
116 Ebd., B. 15,1,8f.; 15,62,16–18; S. 345, 426.
117 *Sirinelli:* Les vues; vgl. dazu *M. Harl:* L'histoire de l'humanité racontée par un écrivain chrétien au début du IVe siècle, in: Revue des études grecques 75 (1962) S. 522–531; *Sirinelli:* Vorwort.
118 *Sirinelli:* Vorwort, S. 51.
119 *Euseb:* Praeparatio, B. 1,1,1ff.; S. 7f.
120 Ebd., B. 1,5,10–12; S. 21f.
121 *Sirinelli:* Vorwort, S. 43–47.
122 *Euseb:* Praeparatio, S. 439–465; *des Places.*
123 *Euseb:* Demonstratio, B. 1,8; S. 39f.
124 *Euseb:* Kirchengeschichte, B. 10,4,1-72.
125 *Z. Rubin:* The Church of the Holy Sepulchre and the Conflict between the Sees of Caesarea and Jerusalem, in: The Jerusalem Cathedra 2 (1982), S. 79–105.

126 *Theodoret:* Kirchengeschichte, B. 1,4,37. Hg. v. *L. Parmentier/ F. Scheidweiler* (GCS), Berlin ²1954, S. 18,7f.
127 *Euseb:* Praeparatio, B. 1,1,1; S. 5.
128 *Euseb:* Kirchengeschichte, B. 1,1,1.4; 3,4,3f.11.
129 Ebd., B. 6,8,4; 6,23,4.
130 *Euseb:* De mart., § 11,1; S. 932, 934.
131 Vgl. Anm. 12.
132 *Euseb:* De vita Const., B. 3,59–62.
133 *Euseb:* Ep. ad Alex.
134 *Geerard,* Bd. 4, S. 4f.
135 *Athanasius Werke.* Bd. 3,1, Urkunde 18.
136 *Euseb:* De vita Const. B. 1,1; 3,11.
137 *Athanasios:* Apologia, K. 45,2.
138 *Sokrates,* B. 1,24,1; *Sozomenus,* B. 2,19,1; *Athanasius:* Historia Arianorum 4,1 in: Athanasius Werke. Bd. 2,1, Berlin 1940, S. 184f. mit Anm. 31 u. S. 70 Anm. 1.
139 *Geerard,* Nr. 8540–8549.
140 *Euseb:* Contra Marcellum, S. 255f.; *Geerard,* Nr. 2800–2806. Die Zurechnung von *Geerard,* Nr. 2806, zu Markellos wird bestritten von *A. J. C. Heron:* Studies in the Trinitarian Writings of Didymus the Blind, Diss. Tübingen 1973.
141 *Harnack,* Bd. II,2, S. 125.
142 *Euseb:* Contra Marcellum.
143 *Ruhbach:* Apologetik.
144 *Grillmeier,* S. 307.
145 Zur Theologie vgl. besonders *Grillmeier,* S. 300–321 (Literatur S. 300 Anm. 1 !); *Ritter,* S. 151–155.
146 *H.-G. Opitz:* Euseb von Caesarea als Theologe, in: ZNW 34 (1935), S. 1–19.
147 *G. Gentz/F. Winkelmann:* Die Kirchengeschichte des Nicephorus Callistus Xanthopulus und ihre Quellen, Berlin ²1966.
148 *des Places,* S. 118ff.; *Euseb:* Chronik (armen. Übers.), K. 34,10–13; S. 125,6–26. Der deutsche Text wurde in den in vorliegendes Buch aufgenommenen Zitaten überarbeitet und geglättet.
149 Z. B. *R. Helm:* De Eusebii in Chronicorum libro auctoribus, in: Eranos 22 (1924), S. 1–40: Josephus habe Euseb nur aus dem Werk des Iulius Africanus gekannt; *Schwartz,* S. 507: Euseb habe Africanus mehr benützt, als er zugebe.
150 Zur weiteren Information vgl. *F. Winkelmann:* Historiographie, in: RAC (in Druck).
151 *Seel,* S. 1387–1393.

152 *P. Burde:* Untersuchungen zur antiken Universalgeschichtsschreibung (Diss. Erlangen), München 1974.
153 *O. Seel:* Eine römische Weltgeschichte, Erlangen 1972; *W. Goetz:* Translatio Imperii. Ein Beitrag zur Geschichte des Geschichtsdenkens und der politischen Theorien im Mittelalter und in der frühen Neuzeit, Tübingen 1958; *Seel,* Pompeius.
154 *Seel,* S. 1414.
155 *Schwartz,* S. 244.
156 Ebd., S. 36.
157 Ebd., S. 319, 321, 342.
158 Zum Forschungsstand vgl. *O. Eißfeldt:* Einleitung in das Alte Testament, Göttingen [3]1964; *van Seters.*
159 *Euseb:* Chronik (armen. Übers.), S. 39.
160 *van Seters,* S. 31–54; *W. Baumgartner:* Zum Alten Testament und seiner Umwelt, Leiden 1959, S. 147–178; *J. Barr:* Biblical words for time, London 1962.
161 *Josephus:* Jüd. Krieg, S. 5, 7.
162 *Josephus:* Jüd. Altertümer, B. 20,12; *H. Clementz:* Des Flavius Josephus Jüdische Altertümer. Bd. 2, Berlin/Wien 1923, S. 676f.
163 *Euseb:* Kirchengeschichte, B. 1,1,3–5; *Haeuser,* S. 83f.
164 *H. Cancik:* Die Gattung Evangelium. Das Evangelium des Markus im Rahmen der antiken Historiographie, in: Humanistische Bildung 4 (1981), S. 63–101; *ders.:* Markus-Philologie, Tübingen 1984, S. 85–113.
165 *Euseb:* Kirchengeschichte, B. 1,5–11.
166 *M. Dibelius:* Aufsätze zur Apostelgeschichte, Berlin 1953, S. 119.
167 *E. Haenchen:* Die Apostelgeschichte, Göttingen [12]1959, S. 93.
168 Zum Forschungsstand vgl. *E. Plümacher,* in: RECA Bd. 14, Stuttgart 1974, Sp. 235–264; *ders.,* in: TRE Bd. 3, Berlin 1978, S. 483–528.
169 *W. Schneemelcher/K. Schäferdiek,* in: *E. Hennecke:* Neutestamentliche Apokryphen. Bd. 2, Berlin [3]1966, S. 110–372; *R. McLachlan Wilson,* in: TRE Bd. 3, Berlin 1978, S. 341–348.
170 *A. Momigliano:* Pagan and Christian Historiography in the Fourth Century A. D., in: The Conflict between Paganism and Christianity in the Fourth Century, Oxford 1963, S. 79–99.
171 *Ruhbach:* Apologetik.
172 *Justin:* Dialog, K. 45; S. 150, 152.
173 *Eirenaios,* B. 3,11,8; S. 168–170.
174 Ebd., B. 4,20,5; S. 638.
175 *Justin:* Apologie, B. 1,44.54.59; S. 122–124, 146, 158. Vgl. zu den jüdischen Vorbildern *K. Thraeck,* in: RAC Bd. 5, Stuttgart 1962, Sp. 1242–1251.

176 *Theophilos:* Ad Autolycum, K. 3,20–29; in: Corpus Apologetarum Christianorum. Hg. v. *I. C. Th. de Otto,* Bd. 8, Jena 1861, S. 234 bis 274.

177 *Klemens von Alexandreia:* Stromateis, B. 1,101–147, in: Clemens Alexandrinus (GCS). Hg. v. *L. Früchtel,* Bd. 2, Berlin [4]1985, S. 64–92.

178 *Euseb:* Kirchengeschichte, B. 2,23,3; 4,8,2; 4,22,8; *Haeuser,* S. 200, 221.

179 Ebd., B. 3,32,7f.; *Haeuser,* S. 183.

180 Ebd., B. 4,22,4–6; *Haeuser,* S. 221; *Geerard,* Nr. 1302 Quellen.

181 *G. Podskalsky:* S. 77–98; *A. Luneau; B. Gatz:* Weltalter, Goldene Zeit und sinnverwandte Vorstellungen, in: Spudasmata 16 (1967); *H. J. van der Pot:* De Periodisiering der Geschiedenis, s'Gravenhage 1951; *F. Fraidl:* Die Exegese der 70 Wochen Daniels in der alten und mittleren Zeit, Graz 1886.

182 *K. Bihlmeyer:* Die apostolischen Väter, Tübingen 1924, S. 29. Übernommen auch von *Justinos:* Dialog, 80,5 – 81,4; *Eirenaios,* 5,28,3 und anderen.

183 Die Offenbarung des Johannes fand nur sehr zögernd Anerkennung in der Kirche, vgl. besonders *J. Leipoldt:* Geschichte des neutestamentlichen Kanons. Teil 1, Leipzig 1907, S. 58–103; *H. v. Campenhausen:* Die Entstehung der christlichen Bibel, Tübingen 1968, S. 254f., 273 bis 281, 369f.; *L. Gry:* Le millénarisme dans son origine et son développement, Paris 1904.

184 *A. Luneau,* S. 37ff., 81ff., 94ff., 209ff.; *L. Koep,* in: RAC Bd. 3, Stuttgart 1957, Sp. 53f.

185 *Hippolyt:* Danielkommentar, B. 4,30–35; S. 262–280; *Neumann,* S. 78–80.

186 *Hippolyt:* Danielkommentar, B. 4,23,3–6.

187 *Hippolyt:* Danielkommentar, B. 4,2–5; S. 184–198; *ders.:* De Antichristo, K. 19–25; S. 16–18; *Neumann; Podskalsky,* S. 79f.

188 *P. de Labriolle:* La crise montaniste, Paris 1913, S. 278 bis 285.

189 *Hippolyt:* Danielkommentar, B. 4,18f.; S. 230–234.

190 *Euseb:* Kirchengeschichte, B. 6,7; *Haeuser,* S. 283; *F. Jacoby:* Judas, in: RECA Bd. 9, Stuttgart 1916, Sp. 2461.

191 *Gelzer.*

192 Ebd., S. 1.

193 Excerpta latina barbari post Scaligerum, fol. 31a, in: Eusebii Chronicorum liber prior, Hg. v. *A. Schöne,* Berlin 1875, S. 207,22–24.

194 *Photios:* Bibliotheca, cod. 34.

195 *Gelzer,* S. 283.

196 Ebd., S. 54, 66.

197 Ebd., S. 24.
198 Ebd., S. 23.
199 *P. Nautin* nimmt zwei Autoren für die unter dem Namen Hippolyts überlieferten Schriften an: Hippolyte und Josipe oder einen römischen und einen östlichen Hippolyt; vgl. *P. Nautin:* Hippolyte et Josipe, Paris 1947; *ders.:* Hippolyte, Contre les hérétics. Fragment, étude et édition critique, Paris 1949; *ders.:* Le dossier d'Hippolyte et de Méliton dans les florilèges dogmatiques et chez les historiens modernes, Paris 1953; *Geerard,* Nr. 1870 Forschungsliteratur; *Grillmeier,* S. 231ff. Stützung der Hypothese Nautins; S. 231 Anm. 15 Stand der Forschung.
200 Vgl. auch *Hippolyt:* Danielkommentar, B. 4,9,2; S. 206.
201 Ebd. B. 4,23,2–24,9; S. 240–248.
202 *Hippolyt:* Chronicon.
203 Ebd., S. 5, 8–10. 70ff.
204 Ebd., S. 116ff.; *Strobel,* S. 122–133.
205 *Hippolyt:* Chronicon, S. 124ff.
206 Ebd., S. 193.
207 Ebd., S. 10–43.
208 Ebd., S. 43–69.
209 Ebd., S. 139f.
210 Ebd., S. 7 Apparat: Vorbilder.
211 *Euseb:* Chronik (armen. Übers.).
212 Ebd., S. XXXVII.
213 *Geerard,* Nr. 3494.
214 *Euseb:* Chronik (Hieronymus).
215 Ebd., S. 6f., 250.
216 *Euseb:* Chronik (armen. Übers.), S. 1,25–2,19.
217 Ebd.
218 Ebd., S. 1,15–24.
219 *Laurin,* S. 106ff.
220 *Euseb:* Chronik (armen. Übers.), S. 34,10–13.
221 *Euseb:* Chronik (Hieronymus), S. 7,15–17; *Photios;* Bibliotheca, cod. 33.
222 *Euseb:* Chronik (armen. Übers.), S. 125f.
223 *Schwartz,* S. 507f.
224 *Mosshammer,* S. 138ff. (Grundlegende Untersuchung zu Eusebs Chronik).
225 *Euseb:* Chronik (armen. Übers.), S. 3.
226 Ebd., S. 3,32f.
227 *Euseb:* Chronik (Hieronymus), S. XXVIff.; *Mosshammer,* S. 22ff., 65ff.

228 *Euseb:* Chronik (Hieronymus), S. 279ff.
229 Ebd., S. 20, 27, 60.
230 Ebd., S. 105, 173.
231 Ebd., S. 16–19.
232 *W. Kubitschek:* Königsverzeichnisse, in: RECA Bd. 11, Stuttgart 1921, Sp. 1025.
233 *Euseb:* Chronik (armen. Übers.), S. 45; (Hieronymus), S. 174.
234 *Euseb:* Chronik (Hieronymus), S. 174.
235 Ebd., S. 169.
236 *Euseb:* Chronik (armen. Übers.), S. 61f.
237 *Strobel,* S. 407; *J. Finegan:* Handbook of Biblical Chronology, Princeton 1964, S. 147ff.
238 *Euseb:* Chronik (armen. Übers.), S. 36–38.
239 Ebd., S. 38–40.
240 Ebd., S. 41,19–29.
241 Ebd., S. 45,13–19.
242 Ebd., S. 47f.
243 Ebd., S. 88f.
244 Ebd., S. 90–103.
245 *Euseb:* Chronik (Hieronymus), S. 20.
246 Ebd., S. 27.
247 Ebd., S. 41.
248 Ebd., S. 54b.
249 Ebd., S. 60a–61b.
250 Ebd., S. 62b.
251 Ebd., S. 65a, 66b.
252 Ebd., S. 72a, 83, 85b.
253 Ebd., S. 86.
254 Ebd., S. 88, 99a–100b.
255 Ebd., S. 105.
256 Ebd., S. 106, 156.
257 Ebd., S. 141.
258 Ebd., S. 160f.
259 Ebd., S. 169ff.
260 Ebd., S. 187; *Euseb:* Chronik (armen. Übers.), S. 216.
261 *Euseb:* Chronik (Hieronymus), S. 167,7; 182,2; 200,2; 216,2; 218,17.
262 *H. Hunger:* Die hochsprachliche profane Literatur der Byzantiner. Bd. 1, München 1978, S. 329, 331f.
263 *Euseb:* Chronik (armen. Übers.), S. XXXIV; vgl. S. XXXIV–LIV.
264 *I.-B. Chabot:* Chronicon anonymum pseudo-Dionysianum vulgo dictum, in: Corpus Scriptorum Christianorum Orientalium. Bde. 91, 104, 121, Löwen 1927, 1933, 1949; *Keseling.*

265 *Quintus Iulius Hilarianus:* De cursu temporum, in: Chronica minora. Hg. v. *C. Frick,* Bd. 1, Leipzig 1892, S. 153–174.
266 *Euseb:* Kirchengeschichte, B. 1,1,4. *Haeuser,* S. 83 f.
267 *Chesnut; Grant; Twomey.*
268 *Euseb:* Kirchengeschichte.
269 Ebd., B. 1,1,6; *Haeuser,* S. 84.
270 Ebd., B. 1,1,4.8.
271 Ebd., B. 5,6,5.
272 *Haeuser,* S. 32–35.
273 *Euseb:* Kirchengeschichte, B. 4,22,1–3; *Geerard,* Nr. 1302.
274 *Euseb:* Kirchengeschichte, B. 2,13,1–6; *Justin:* Apologie, B. 1,26.
275 *Euseb:* Kirchengeschichte, B. 4,7,1f.; *Eirenaios,* B. 1,23,1–4.
276 *Euseb:* Kirchengeschichte, B. 4,12–14.
277 Ebd., B. 1,1,1f.
278 *Haeuser,* S. 83.
279 *Barnes,* S. 129–164; *Twomey,* S. 34–200.
280 *Barnes,* S. 129–140; Grant, S. 45ff.; *Twomey,* S. 20–34; *Ruhbach:* Apologetik, S. 129ff.
281 *Euseb:* Kirchengeschichte, B. 1,1,7f.; *Haeuser,* S. 84.
282 Ebd., B. 10,4,12.15; *Haeuser,* S. 416.
283 Ebd., B. 5 Prolog 3f.; *Haeuser,* S. 233.
284 Ebd., B. 1,5,1; *Haeuser,* S. 96.
285 *H. Zimmermann:* Ecclesia als Objekt der Historiographie, in: Sitzungsberichte Wien. Bd. 235,4, Wien 1969, S. 16–24.
286 *Euseb:* Kirchengeschichte, B. 10,4,19f.; vgl. B. 1,4,2ff.; *Haeuser,* S. 417.
287 *Euseb:* Kirchengeschichte, Bd. 3, S. 3ff.
288 Ebd., B. 2,18,1–8.
289 Ebd., B. 4,26,2f.
290 Ebd., B. 6,13,1.
291 Ebd., B. 6,22.
292 Ebd., B. 6,36,2f.
293 *Hieronymus:* De viris illustribus. Nachfolger: Gennadius, Isidor von Sevilla, Ildefons von Toledo.
294 *O. Luschnat:* Thukydides, in: RECA Supplementbd. 12, Stuttgart 1979, Sp. 1085–1354, hier Sp. 1128.
295 *F. Winkelmann:* Probleme der Zitate in den Werken der oströmischen Kirchenhistoriker, in: Das Korpus der griechischen christlichen Schriftsteller. Hg. v. *J. Irmscher/K. Treu,* Berlin 1977, S. 195 bis 207.
296 *Geerard,* Nr. 3495.
297 *Twomey,* S. 34–220.

298 *Euseb:* Kirchengeschichte, B. 1,2–4.
299 Ebd., B. 1,5–13.
300 Ebd., B. 4,1,2; *Haeuser,* S. 195.
301 *Euseb:* Kirchengeschichte, B. 3,5,7; *Haeuser,* S. 155.
302 Ebd., B. 6,2,1f.; *Haeuser,* S. 277.
303 Ebd., B. 8,1,1.7; *Haeuser,* S. 361f.
304 Ebd., B. 9,11,8; *Haeuser,* S. 408.
305 *Sirinelli:* Les vues historiques; *Calderone; Chesnut,* S. 61–123; *W. Völker:* Von welchen Tendenzen ließ sich Eusebius bei Abfassung seiner Kirchengeschichte leiten? in: Vigiliae Christianae 4 (1950), S. 157 bis 180; *D. König-Ockenfels:* Christliche Deutung der Weltgeschichte bei Euseb von Cäsarea, in: Saeculum 27 (1976), S. 348 bis 365.
306 *Adam,* S. 130–191; *Grillmeier,* S. 203–272.
307 *Euseb:* Demonstratio, B. 5 Vorwort 1f.; S. 202,3–13.
308 Ebd., B. 4,12,6–8; S. 170.
309 *Twomey,* S. 201.
310 *Euseb:* Theophaneia, B. 3,45–55; S. 149–151.
311 Ebd., S. 150, 11–15.
312 Ebd., S. 151,6–9.
313 *Euseb:* Demonstratio, B. 4,6,7; S. 160.
314 *Origenes:* De principiis.
315 *Euseb:* Kirchengeschichte, B. 1,4,7; *Haeuser,* S. 95.
316 Ebd., B. 1,4,13; *Haeuser,* S. 96.
317 Ebd., B. 10,9,5; *Haeuser,* S. 440.
318 *Aristoteles:* Physik, B. 2,5; S. 46,6–12.
319 Ebd., B. 2,5; S. 47,22–27.
320 Ebd., B. 2,6.
321 Zur Analyse von B. 6,5f. vgl. *D. Amand:* Fatalisme et liberté dans l'antiquité grecque, Louvain 1945, S. 357–376. Zum Fatum bei Euseb vgl. *H. O. Schröder,* in: RAC Bd. 7, Stuttgart 1969, Sp. 593f.
322 *Euseb:* Praeparatio, B. 6,21.
323 Ebd., B. 6,26.31.
324 Ebd., B. 6,31ff.
325 Ebd., B. 6,39ff.
326 Ebd., B. 6,23.
327 Ebd., B. 6,45f.
328 Ebd., B. 6,53.
329 Ebd., B. 6,47–51.
330 Ebd., B. 6,51.
331 *Euseb:* Demonstratio, B. 4,9,1ff.
332 Zur Dämonenvorstellung vgl. *A. Kallis,* in: RAC Bd. 7, Stuttgart

1969, Sp. 700–715 (griech. Kirchenväter); *P. G. van der Nat,* ebd., Sp. 715–761 (Apologeten und lateinische Väter).

333 *Euseb:* Demonstratio, B. 4,9,1.8.

334 Ebd., B. 4,9,5.

335 Ebd., B. 4,10,13.

336 *W. Nigg:* Die Kirchengeschichtsschreibung, München 1934, S. 15.

337 *Euseb:* Kirchengeschichte, B. 6,39,5; *Haeuser,* S. 306.

338 Ebd., B. 4,7,1f.; vgl. B. 2,14,1f.; 3,27,1; 5,14; 7,31,1; *Haeuser,* S. 198.

339 Ebd., B. 10,4,13f.; vgl. B. 4,7,2f.; 5,21,2; *Haeuser,* S. 416.

340 *Polybios:* Historiae, B. 5,31.33. Hg. v. *Th. Büttner-Wobst,* Bd. 2, Leipzig 1889; *Diodor:* Bibliotheca historica, B. 1,3,4. Hg. v. *L. Dindorf,* Bd. 1, Leipzig 1866.

341 Unterschiede zu antiken Konzeptionen vgl. bei *Chesnut,* S. 91–118.

342 *Adam,* S. 181–187; *Ritter,* S. 223–225.

343 Zur Geschichtstheorie von Praeparatio und Demonstratio vgl. *Sirinelli:* Les vues, S. 208–246.

344 *Euseb:* Theophaneia (syr. Übers.), B. 1,23; S. 46,13–18.

345 Ebd., B. 1,29; S. 50,20–23.

346 Ebd., B. 1,26; S. 48.

347 Ebd., B. 1,34; S. 52.

348 Ebd., B. 1,37; S. 54–56.

349 Ebd., B. 1,37; S. 55,10–34.

350 Ebd., B. 1,47–77; S. 65–79.

351 Ebd., B. 1, 78; S. 79.

352 *Euseb:* Kirchengeschichte, B. 1,2,18–20; *ders.:* Theophaneia (syr. Übers.), B. 2,2ff.

353 *Euseb:* Theophaneia (syr. Übers.), B. 1,79; 2,83ff.

354 Auch ebd., B. 2,93.

355 So auch ebd., B. 1,42.

356 *Euseb:* Kirchengeschichte, B. 1,2,21–23.

357 *Euseb:* Theophaneia (syr. Übers.), B. 4,1; S. 165f.

358 *Euseb:* Demonstratio, B. 4,12,8.

359 Zu Euseb vgl. *Sirinelli:* Vorwort, S. 455, 486; *Sirinelli:* Les vues; *Chesnut,* S. 156ff.

360 *Euseb:* Demonstratio, B. 1,1,6; S. 4,4ff.

361 Ebd., Fragmente 5.6; S. 496.

362 *Euseb:* Eclogae, B. 3,31.44; 4,1.9.18.

363 *Euseb:* Kirchengeschichte, B. 1,11,24; *Sirinelli:* Les vues, S. 473 bis 483.

364 *Euseb:* Theophaneia (syr. Übers.), B. 4,36; S. 217f.

365 Ebd., B. 4,29; S. 208,15–19.

366 *Euseb:* Kirchengeschichte, B. 10,9,7f.; *Haeuser,* S. 441.

367 Ebd., B. 10,4,32–36; *Haeuser,* S. 420f.
368 *Ruhbach:* Polit. Theol., S. 252.
369 *I. Opelt/W. Speyer:* Barbar, in: Jahrbuch für Antike und Christentum 10 (1967), Sp. 251–290; *G. Podskalsky:* Die Sicht der Barbarenvölker in der spätgriechischen Patristik (4.–8. Jh.), in: Orientalia Christiana Periodica 51 (1985), S. 330–351.
370 *Euseb:* Theophaneia (syr. Übers.), B. 3,7; S. 129,29–130,7.
371 Ebd., B. 3,33; S. 138,28–139,8.
372 Ebd., B. 1,36.44.
373 Ebd., B. 3,79; S. 163,19–27.
374 Ebd., B. 1,63–78.
375 *Sirinelli:* Les vues, S. 388–411; *Chesnut,* S. 133–166.
376 *Peterson,* S. 22ff., 33ff.
377 *Euseb:* Chronik (Hieronymus), S. 173, 169, 160.
378 *Euseb:* Praeparatio, B. 1,4.
379 *Euseb:* Demonstratio, B. 3,2,37; 3,7,30–35; 7,2,22; 8,3,13–15.
380 *Euseb:* Kirchengeschichte, B. 1,5,2.
381 *Euseb:* Laus Const., K. 16.
382 *Euseb:* Theophaneia (syr. Übers.), B. 2,76.77; 3,1.
383 *Euseb:* Laus Const., K. 16.
384 *Euseb:* Theophaneia (syr. Übers.), B. 3,1f.; S. 126–128.
385 Ebd., B. 3,2f.
386 Didascalia apostolorum. Latein. Übers. Hg. v. *E. Tidner,* Berlin 1963, K. 3,2–8; S. 5.
387 *Euseb:* Theophaneia (syr. Übers.), B. 2,41; S. 97,13–23.
388 *K. Gross:* Augustus, in: RAC Bd. 1, Stuttgart 1950, Sp. 999–1004; *I. Opelt:* Augustustheologie und Augustustypologie, in: Jahrbuch für Antike und Christentum 4 (1961), S. 44–57.
389 *Rahner,* S. 31; ausführlich *K. Aland:* Das Verhältnis von Kirche und Staat in der Frühzeit, in: ANRW Bd. II 23,1, Berlin 1979, S. 60 bis 246.
390 *Euseb:* Kirchengeschichte, B. 5,22.
391 *Hippolyt:* De Antichristo, K. 29–42; *D. G. Dunbar:* The Eschatology of Hippolytus of Rome, Ann Arbor, Mich. 1979; *ders.:* The Delay of the Parousia in Hippolytus, in: Vigiliae Christianae 37 (1983) 313 bis 327.
392 *Hippolyt:* Danielkommentar, K. 4,9; S. 206/208.
393 *Euseb:* Kirchengeschichte, B. 4,26,7–9; *Haeuser,* S. 226.
394 *W. Schneemelcher:* Heilsgeschichte und Imperium. Meliton von Sardes und der Staat, in: Kleronomia 5 (1973), S. 257–275, hier S. 272, 275.
395 *Barnes,* S. 253.

396 *Euseb:* De vita Const., B. 3. 15; *Pfättisch,* S. 105.

397 Zur Forschungsgeschichte vgl. *F. Winkelmann:* Zur Geschichte des Authentizitätsproblems der Vita Constantini, in: Klio 40 (1962), S. 187–243.

398 *T. D. Barnes:* Two Speeches of Eusebius, in: Greek, Roman and Byzantine Studies 18 (1977), S. 341–345; *H. A. Drake:* In Praise of Constantine. A Historical Study and New Translation of Eusebius' Tricennial Orations, Berkeley/Los Angeles/London 1976 (University of California Publications; Classical Studies 15).

399 *Euseb:* Laus Const., K. 2,1–5; S. 199.

400 Ebd., K. 3,3; S. 201.

401 Ebd., K. 3,6; S. 201f.

402 Ebd., K. 6,21; S. 211f.

403 Ebd., K. 5; S. 203–206.

404 *Diotegenes* (3. oder 2. Jh. v. u. Z.), nach *Iohannis Stobaei Anthologium,* B. IV 1. Hg. v. *O. Hense,* Berlin 1909, S. 265,4–12; vgl. *E. R. Goodenough:* The Political Philosophy of Hellenistic Kingship, in: Yale Classical Studies 1 (1928), S. 55–102; *L. Delatte:* Les Traités de la Royauté d'Ecphante, Diotogène et Shténidas, Paris 1942; *G. F. Chesnut:* The Ruler and the Logos in Neopythagorean, Middle Platonic, and Late Stoic Political Philosophy, in: ANRW Bd. II 16,2, Berlin 1978, S. 1310–1332.

405 *Origenes:* Contra Celsum, B. 8, 63f.; Übers. *Rahner,* S. 63, 65.

406 *Euseb:* De vita Const., B. 1,11.

407 *H. J. Sieben:* Die Konzilsidee der Alten Kirche, Paderborn/Leiden/Wien/Zürich 1979, S. 424–465: Die Konzilsidee des Eusebius von Caesarea oder der hellenistische Einfluß.

408 *Euseb:* De vita Const., B. 3,13; *Pfättisch,* S. 104f.

409 *J. Straub:* Kaiser Konstantin als episkopos tōn ektos, in: Studia Patristica 1, Berlin 1957, S. 678–695 = Die Kirche angesichts der konstantinischen Wende. Hg. v. *G. Ruhbach,* Darmstadt 1976, S. 187 bis 215; *J. Straub:* Constantine as koinos episkopos. Tradition and Innovation in the Representation of the First Christian Emperor's Majesty, in: Dumbarton Oaks Papers 21 (1967), S. 39–55 = Regeneratio Imperii, Darmstadt 1972, S. 134–158; vgl. dazu *Sansterre,* S. 150 Anm. 4; *K. M. Girardet:* Das christliche Priestertum Konstantins d. Gr. Ein Aspekt der Herrscheridee des Eusebius von Caesarea, in: Cheiron 10 (1980), S. 569–592; *D. de Decker/G. Dupuis-Masay:* L'épiscopat de l'empereur Constantin, in: Byzantion 50 (1980), S. 118–157.

410 *Euseb:* De vita Const., B. 1,44; *Pfättisch,* S. 35.

411 Ebd., B. 1,28; *Pfättisch,* S. 25.

412 *G. Pasquali,* in: Hermes 45 (1910), S. 382f., 385.
413 *Euseb:* De vita Const., B. 4,29–31; *Pfättisch,* S. 162–164.
414 Ebd., B. 4,54,2f.; *Pfättisch,* S. 177f.
415 Ebd., B. 4,75; *Pfättisch,* S. 190f.
416 *Euseb:* De vita Const., S. XXI–XXV; *F. Winkelmann:* Die Beurteilung des Eusebius von Cäsarea und seiner Vita Constantini im griechischen Osten, in: Byzantinistische Beiträge, Berlin 1964, S. 91 bis 119.
417 *Peterson.*
418 Ebd., S.11, 99f.
419 *Farina,* S. 258–260 (Problem- und Literaturzusammenstellungen); Monotheismus als politisches Problem? Erik Peterson und die Kritik der politischen Theologie. Hg. v. *A. Schindler,* Gütersloh 1978; weitere Literaturangaben bei *Gödecke,* S. 187ff.
420 *Ruhbach:* Polit. Theol., S. 257.
421 Beispiele bei *Farina,* S. 49–60.
422 *Ruhbach:* Polit. Theol., S. 254, 256.
423 *Grillmeier,* S. 389f. Anm. 49.
424 Ebd., S. 321.
425 *Sansterre,* S. 162ff.
426 *Grillmeier,* S. 321.
427 *Peterson,* S. 82–94.
428 *M. J. Rondeau:* Une nouvelle preuve de l'influence littéraire d'Eusèbe de Césarée sur Athanase: l'interprétation des psaumes, in: Recherches de science religieuse 56 (1968), S. 385–434; *dies.,* in: Revue d'histoire religieuse 176 (1969), S. 173–177; *Grillmeier,* S. 321–326.
429 München/Zürich 1986.

Literaturverzeichnis

a) Editionen und moderne Übersetzungen von Eusebs Werken

Einen vollständigen Überblick über die Werke Eusebs und deren Editionen sowie über die Ausgaben der alten *Versiones* (lateinisch, syrisch, koptisch, armenisch, arabisch) gibt *Maurits Geerard:* Clavis Patrum Graecorum, Bd. 2, Brepols/Turnhout 1974, S. 262–275, Nr. 3465–3507. Wir heben im folgenden nur das Wichtigste hervor.

Die meisten der großen Texte sind in der Reihe *Die Griechischen Christlichen Schriftsteller der ersten Jahrhunderte* (GCS; Leipzig, nach 1945 Berlin) kritisch und in ausgezeichneter Weise herausgegeben worden, doch ist hier noch nicht alles erfaßt. Von den umfangreichen Schriften fehlen noch in dieser Reihe Editionen der *Commentarii in psalmos,* der *Fragmenta in catenis,* der *Quaestiones evangelicae,* der *Generalis elementaria introductio,* der *Apologia pro Origene,* der Schrift *Contra Hieroclem.* In diesen Fällen muß dann meist noch auf die Ausgaben in der *Patrologia graeca* (PG) *J. P. Mignes* (Paris 1857ff.) oder andere ältere Ausgaben zurückgegriffen werden. Die orientalischen *Versiones* sind in orientalistischen Publikationsorganen zugänglich.

Nur wenige Werke Eusebs sind in moderne Sprachen übersetzt. Wir zählen im folgenden in der Regel nur diejenigen auf, denen moderne kritische Ausgaben zugrunde liegen:

Chronik

Eusebius Werke (GCS). Bd. 8. Hg. v. *R. Helm,* Berlin [2]1956 (Latein. Übers. des Hieronymus und die griech. Fragmente). Eusebius Werke (GCS). Bd. 5. Hg. v. *J. Karst,* Leipzig 1911 (Deutsche Übers. der armenischen Version).

Contra Hieroclem

SCh Bd. 333. Hg. v. *E. des Places,* Paris 1986. Franz. Übers. v. *M. Forrat,* ebd.

Contra Marcellum
Eusebius Werke (GCS). Bd. 4. Hg. v. *E. Klostermann/G. C. Hansen,* Berlin [2]1972.
De ecclesiastica theologia
Eusebius Werke (GCS). Bd. 4. Hg. v. *E. Klostermann/C. G. Hansen,* Berlin [2]1972.
De laudibus Constantini
Eusebius Werke (GCS). Bd. 1. Hg. v. *I. A. Heikel,* Leipzig 1902, S. 195–223.
Vgl. *F. Winkelmann:* Annotationes zu einer neuen Edition der Tricennatsreden Eusebs und der Oratio ad sanctum coetum in GCS (CPG 3498. 3497), in: Antidoron. Hommage à Maurits Geerard, Wetteren 1984, S. 1–7. Zu Heikel vgl. *F. Winkelmann:* Ivar August Heikels Korrespondenz mit Hermann Diels, Adolf Harnack und Ulrich von Wilamowitz-Moellendorf, in: Klio 67 (1987), S. 586–587.
Engl. Übers.: *H. A. Drake:* In Praise of Constantine, Berkeley/Los Angeles/London 1976.
De martyribus Palaestinae
Eusebius Kirchengeschichte (GCS). Bd. 9,2. Hg. v. *E. Schwartz,* Leipzig 1908.
Deutsche Übers. v. *A. Bigelmair* auf der Grundlage der Edition von *E. Schwartz:* Bibliothek der Kirchenväter. Euseb. Bd. 1, München 1913, S. 273–313.
Demonstratio evangelica
Eusebius Werke (GCS). Bd. 6. Hg. v. *I. A. Heikel,* Leipzig 1913.
De vita Constantini
Eusebius Werke (GCS). Bd. 1,1. Hg. v. *F. Winkelmann,* Berlin 1975. Deutsche Übers. v. *J. M. Pfättisch* auf der Grundlage der Edition von *I. A. Heikel* (GCS Bd. 7), Leipzig 1902: Des Eusebius Pamphili vier Bücher über das Leben des Kaisers Konstantin und des Kaisers Konstantin Rede an die Versammlung der Heiligen, in: Bibliothek der Kirchenväter. Euseb. Bd. 1, München 1913, S. 1–190. Engl. Übers. v. *E. C. Richardson* auf der Grundlage der Edition v. *Valesius,* Paris 1659: A select Library of the Nicene and Post-Nicene Fathers of the Christian Church. NS Bd. 1, Oxford/New York 1890.
Italienische Übersetzung v. *L. Tartaglia,* Neapel 1984, auf der Grundlage der Edition v. *F. Winkelmann.*
Eclogae propheticae
PG Bd. 22, Sp. 1021–1262. Hg. v. *Th. Gaisford,* Oxford 1842.
Epistula ad Alexandrum Alexandrinum
Athanasius Werke, Bd. 3,1. Urkunden zur Geschichte des arianischen Streites. Hg. v. *H.-G. Opitz,* Berlin/Leipzig 1934, S. 14f. Urkunde 7.

Epistula ad Carpianum
Novum Testamentum Graece. Hg. v. *E. Nestle/K. Aland,* Stuttgart ^{26}1979, S. 73*–78*.
Generalis elementaria introductio
Bücher 6–9: PG Bd. 22, Sp. 1021–1262.
Jesajakommentar
Eusebius Werke (GCS), Bd. 9. Hg. v. *J. Ziegler,* Berlin 1975.
Kirchengeschichte
Eusebius Werke (GCS). Bd. 2,1–3. Hg. v. *E. Schwartz,* Leipzig 1903–1909.
SCh Bd. 31, 41, 55, 73. Hg. v. *G. Bardy,* Paris 1952, 1955, 1958, 1960.
Deutsche Übers. v. *Ph. Haeuser:* Bibliothek der Kirchenväter. Euseb. Bd. 2, München 1932; neu hg. v. *H. Kraft:* Eusebius von Caesarea: Kirchengeschichte, München 1967, Darmstadt ^{2}1981.
Franz. Übers. v. *E. Grapin,* Paris 1905; 1911; 1913; *G. Bardy,* SCh Bd. 39; 41; 55, Paris 1952; 1955; 1958.
Engl. Übers. v. *H. J. Lawlor/J. E. Oulton.* London 1927; 1928; *R. J. Deferrari,* Washington D. C./New York 1955.
Onomasticon
Eusebius Werke (GCS) Bd. 3,1. Hg. v. *E. Klostermann,* Leipzig 1904 (griech. Text und latein. Übers.).
I. Rahmani/E. Power/E. Tisserant/R. Devreesse:
L'Onomasticon d'Eusèbe dans une ancienne traduction syriaque, in: Revue de l'Orient chrétien 23 (1922/23), S. 225–276.
Praeparatio evangelica
Eusebius Werke (GCS) Bd. 8. Hg. v. *K. Mras/E. des Places,* Berlin 1982.
SCh Bd. 206; 228; 262; 266; 215; 292; 307. Hg. v. *E. des Places,* Paris 1974; 1976; 1979; 1980; 1975; 1982; 1983. Franz. Übers. v. E. des Places, ebd.
Psalmenkommentar
Psalm 37: PG Bd. 30, Sp. 81–104.
Psalm 51–95,3: PG Bd. 23, Sp. 441–1221.
Psalm 49: Hg. v. *R. Devreesse,* in: Revue biblique 33 (1924), S. 78–81.
Psalm 118: Hg. v. *M. Harl:* La chaîne Palestinienne sur le Psaume 118. SCh Bd. 189/190, Paris 1972.
Quaestiones evangelicae
Fragmente PG Bd. 22, Sp. 880–1016.
Deutsche Übers. der syrischen Versio v. *G. Beyer,* in: Orientalia Christiana NS 12/14 (1925), S. 30–70; Ser. III 1 (1927), S. 80–97; Ser. III 2 (1927), S. 57–69.

Theophaneia
Eusebius Werke (GCS) Bd. 3,2. Die Theophanie. Die griechischen Bruchstücke und Übersetzung der syrischen Überlieferungen. Hg. v. *H. Gressmann,* Leipzig 1904.

b) Häufiger zitierte patristische und andere Literatur

A. Adam: Lehrbuch der Dogmengeschichte, Bd. 1, Berlin 1965.

Aristoteles: Physik. Deutsche Übers. v. *H. Wagner,* in: Aristoteles Werke Bd. 11. Hg. v. *E. Grumach,* Berlin 1967.

Athanasios: Apologia contra Arianos secunda, in: Athanasius Werke. Bd. 2,1. Hg. v. *H.-G. Opitz,* Berlin/Leipzig 1935, S. 87–168.

Athanasios: De decr. Nic. syn., in: Athanasius Werke Bd. 2,1. Hg. v. *H.-G. Opitz,* Berlin Leipzig 1935, S. 1–45.

T. D. Barnes: Constantine and Eusebius, Cambridge, Mass./London 1981.

S. Calderone: Questioni Eusebiane, in: La storiografia ecclesiastica nella tarda antichità, Messina 1980, S. 135–157.

G. F. Chesnut: The first christian histories. Eusebius, Socrates, Sozomen, Theodoret and Evagrius, Paris 1977, S. 31–166.

E. des Places: Eusèbe de Césarée commentateur. Platonisme et écriture sainte, Paris 1982.

Eirenaios: Adversus haereses, in: SCh Bd. 211. Hg. v. *A. Rousseau/L. Doutreleau,* Paris 1974.

Expositio totius mundi et gentium, in: SCh Bd. 124. Hg. v. *J. Rougé,* Paris 1966.

R. Farina: L'impero e l'imperatore cristiano in Eusebio di Cesarea, Zürich 1966.

G. Fau: Eusèbe de Césarée et son histoire de l'église, Paris 1976.

F. J. Foakes-Jackson: Eusebius Pamphili, Bishop of Caesarea in Palestine and first christian historian. A study of the man and his writings. Five essays, Cambridge 1933.

M. Geerard: Clavis Patrum Graecorum. Bde. 1–5. Turnhout 1983; 1974; 1979; 1980; 1987.

H. Gelzer: Sextus Iulius Africanus und die byzantinische Chronographie. Bd. 1, Leipzig 1898.

Germanos: De haeresibus et synodis, in: PG Bd. 98, Sp. 40–88.

M. Gödecke: Geschichte als Mythos, Frankfurt a. M. 1987.

R. M. Grant: Eusebius as church historian, Oxford 1980.

A. Grillmeier: Jesus der Christus im Glauben der Kirche. Bd. 1, Freiburg/Basel/Wien ^{2}1982.

A. Harnack: Geschichte der altchristlichen Literatur bis Euseb. Bd. I,1.2; II,1.2, Leipzig 1893; 1904; Berlin ²1958.
Hieronymus: Contra Rufinum, in: PL Bd. 23.
Hieronymus: De viris illustribus, Hg. v. *C. A. Bernoulli.* Der Schriftstellerkatalog des Hieronymus, Freiburg i. B. u. Leipzig 1895.
Hieronymus: Epistula 34, in: Sancti Eusebii Hieronymi epistulae (CSEL Bd. 54). Hg. v. *I. Hilberg,* Wien 1910.
Hippolyt: Chronicon, in: Hippolytus Werke (GCS) Bd. 4. Hg. v. *A. Bauer/R. Helm,* Berlin ²1955.
Hippolyt: Danielkommentar, in: Hippolytus Werke (GCS) Bd. 1,1. Hg. v. *N. Bonwetsch,* Leipzig 1897.
Hippolyt: De Antichristo, in: Hippolytus Werke (GCS) Bd. 1,2. Hg. v. *H. Achelis,* Leipzig 1897.
Josephus: Jüdische Altertümer, in: Flavii Iosephi opera, Bd. 3. Hg. v. *B. Niese,* Berlin 1892.
Josephus: Jüdischer Krieg, in: Flavius Iosephus, De Bello Gallico, Griechisch und Deutsch. Bd. 1. Hg. v. *O. Michel/O. Bauernfeind,* München ²1962.
Justin: Apologie, in: Corpus Apologetarum Christianorum. Bd. 1,1. Hg. v. *I. C. Th. de Otto,* Jena ³1876.
Justin: Dialog, in: Corpus Apologetarum Christianorum. Bd. 2. Hg. v. *I. C. Th. de Otto,* Jena ³1877.
E. Keller: Eusèbe historien des persécutions, Genf/Paris 1912.
P. Keseling: Die Chronik des Eusebius in der syrischen Überlieferung, in: Oriens Christianus 23 (1926/27), S. 23–48. 223–241; 24 (1927), S. 33–56.
R. Laqueur: Eusebius als Historiker seiner Zeit, Berlin 1939.
J. Laurin: Orientations maîtresses des apologistes chrétiens de 270 à 361, Rom 1954.
H. J. Lawlor: Eusebiana. Essays on the Ecclesiastical History of Eusebius Pamphili, Oxford 1912; Repr. Amsterdam 1973.
L. I. Levine: Caesarea under Roman Rule, Leiden 1975.
H. Lietzmann: Die drei ältesten Martyrologien, Bonn 1911.
H. Lietzmann: Geschichte der alten Kirche. Bd. 3, Berlin ²1953.
J. B. Lightfoot: Eusebius of Caesarea, in: Dictionary of Christian Biography. Bd. 2, London 1880, S. 308–348.
A. Luneau: L'histoire du salut chez les pères de l'église, Paris 1964.
J. Moreau: Eusebius von Caesarea, in: RAC Bd. 6, Stuttgart 1966, Sp. 1052–1088.
J. Moreau: Eusèbe de Ceśarée, in: Dictionnaire d'Histoire et de Géographie Ecclésiastique. Bd. 15, Paris 1963, Sp. 1437–1460.

A. A. Mosshammer: The »Chronicle« of Eusebius and the Greek Chronographic Tradition, London 1979.
K. J. Neumann: Hippolytus von Rom in seiner Stellung zu Staat und Welt, Leipzig 1902.
Origenes: Contra Celsum, in: Origenes Werke (GCS), Bd. 1.2. Hg. v. *P. Koetschau,* Leipzig 1899.
Origenes: De principiis, in: SCh Bd. 268. Hg. v. *H. Crouzel/M. Simonetti,* Paris 1980, S. 16–150 (mit franz. Übers.).
Origenes: Epistula ad Iulium Africanum, in: Die Briefe des Sextus Iulius Africanus an Aristides und Origenes. Hg. v. *W. Reichardt,* Leipzig 1909, S. 78–80.
Origenes: Homiliae de Psalmis, in: PG Bd. 12, Sp. 1319–1410.
Origenes: In Canticum canticorum homiliae, in: Origenes Werke (GCS), Bd. 8. Hg. v. *W. A. Baehrens,* Leipzig 1925.
E. Peterson: Der Monotheismus als politisches Problem. Ein Beitrag zur Geschichte der politischen Theologie im Imperium Romanum, Leipzig 1935.
Photios: Bibliotheca, in: Photius Bibliothèque. Bd. 1–8. Hg. v. R. Henry, Paris 1959–1977.
Photios: Epistula 144 = Amphilochia 221, in: Photii Patriarchae Constantinopolitani Epistulae et Amphilochia. Bd. 1. Hg. v. *B. Laourdas/L. G. Westerink,* Leipzig 1983, S. 197.
J. B. Pitra: Spicilegium Solesmense. Bd. 1, Paris 1852.
G. Podskalski: Byzantinische Reichseschatologie, München 1972.
H. Rahner: Kirche und Staat im frühen Christentum, München 1961.
A. M. Ritter: Dogma und Lehre in der Alten Kirche, in: Die Lehrentwicklung im Rahmen der Katholizität. Hg. v. *C. Andresen* u. a., Göttingen 1982, S. 99–283.
G. Ruhbach: Apologetik und Geschichte, Diss. Heidelberg 1962.
G. Ruhbach: Die politische Theologie Eusebs von Caesarea, in: Die Kirche angesichts der konstantinischen Wende. Hg. v. *G. Ruhbach,* Darmstadt 1976, S. 236–258.
J.-M. Sansterre: Eusèbe de Césarée et la naissance de la théorie ›césaropapiste‹, in: Byzantion 42 (1972), S. 131–195. 532–594.
E. Schwartz: Eusebios von Caesarea, in: RECA Bd. 6, Stuttgart 1909, Sp. 1370–1439 = Griechische Geschichtschreiber, Berlin 1959, S. 495–598.
O. Seel: Pompeius Trogus und das Problem der Universalgeschichte, in: ANRW Bd. II 30,2, Berlin 1982, S. 1363–1423.
J. Sirinelli: Les vues historiques d'Eusèbe de Césarée durant la période prénicéenne, Dakar 1961.

J. Sirinelli: Vorwort zur Edition der Praeparatio evangelica, in: SCh Bd. 206, Paris 1974.
Sokrates: Kirchengeschichte, in: Socratis Scholastici ecclesiastica historia. Bd. 1/2. Hg. v. *S. T. B. Hussey,* Oxford 1853.
Sozomenus: Kirchengeschichte, in: Sozomenus Kirchengeschichte (GCS). Hg. v. *J. Bidez/G. C. Hansen,* Berlin 1960.
A. Strobel: Ursprung und Geschichte des frühchristlichen Osterkalenders, Berlin 1977.
V. Twomey: Apostolikos Thronos, Münster 1982.
J. van Seters: In Search of History. Historiography in the Ancient World and the Origins of Biblical History, New Haven/London 1983.
J. W. Verghis: The Apostolic Age in the Church History of Eusebius, Diss. Chicago, Ill. 1981.
D. S. Wallace-Hadrill: Eusebius of Caesarea, London 1960.
G. Wießner: Bios und Ethos. Untersuchungen zur Methode exemplarischer Geschichtsschreibung bei Euseb von Caesarea, Habil. Göttingen 1967.

Zeittafel

Größere Abweichungen in der Datierung der Werke Eusebs von *Barnes, Harnack, Moreau* (RAC), *Laqueur* (Eusebius, S. 2), *Schwartz, Wallace-Hadrill* sind im folgenden vermerkt, nicht dagegen Übereinstimmungen mit der von mir vertretenen Datierung. Die Zeittafel müßte beträchtlich erweitert werden, wollte man versuchen, alle in der Forschung vertretenen Datierungen zu notieren. Namentlich die einzelnen Redaktionen der Kirchengeschichte Eusebs haben die unterschiedlichsten Datierungsvorschläge gefunden. Für den nicht so sehr an den Forschungsdetails und an der Forschungsgeschichte interessierten Leser würde dadurch aber eher Verwirrung als Information erreicht. So habe ich mich im folgenden auf einige charakteristische Vorschläge beschränkt.

Allgemeine Daten	Eusebdaten
222–235 Kaiser Alexander Severus (Kaisareia Metropolis Provinciae Syriae Palaestinae)	
231 ff. Origenes in Kaisareia	
250/51 Erste allgemeine Christenverfolgung unter Kaiser Decius	
254 Tod des Origenes (an den Folgen der Folter in der Verfolgung)	
257/58 Valerianische Christenverfolgung	
260–268 Kaiser Gallienus	Zwischen 260 u. 265 Euseb geboren

284–305 Kaiser Diokletian	
293ff. Diokletianische Reichsreform (Arabia Petraensis zur Provinz Palaestina)	Sammlung alter Märtyrerakten (Kirchengeschichte, B. 5,2; 5,20,5) Chronik (1. Ausgabe; vgl. *Barnes,* S. 111: 276/77 Ende der 1. Ausgabe; *Schwartz* RECA, S. 504: 303) Kirchengeschichte (B. 1–7; vgl. *Schwartz:* 311/12 B. 1–8 1. Aufl.) Gegen Porphyrios (vgl. *Wallace-Hadrill:* 303/12; *Sirinelli* SCh, S. 28–34: 314/20; *Schwartz:* nach der Verfolgung, vor 323) Gegen Hierokles (vgl. *Barnes,* S. 165. 277: kurz vor 303; *Schwartz* RECA, S. 53 u. *Forrat* SCh 333: nach 311; *Sirinelli* SCh, S. 30: frühestens 311; *Wallace-Hadrill:* vor 313) Eclogae propheticae (*Harnack*, S. 114: 303–305; *Wallace-Hadrill:* 303–312; *Sirinelli,* S. 21: vor 311; *Sirinelli* SCh, S. 19: 305–311; *Schwartz* RECA: vor 311) Topographie des hl. Landes (*Wallace-Hadrill:* Onomasticon 326/30) Evangelienharmonie
303/04 Vier Edikte gegen die Christen	
307 November Verhaftung des Pamphilos	308/09 Apologie für Origenes (Kirchengeschichte, B. 6,33,4; *Photios* bibl., cod. 118)
309 16. 2. Enthauptung des Pamphilos (De mart., K. 7,4,11)	nach 309: Vita des Pamphilos (De. mart., K. 11,3; *Hieron.* c. Ruf., B. 1,9; *Hieron.* ep. 34, § 1; *Hieron.* De vir. ill. 81; *Schwartz:* vor 311; *Wallace-Hadrill:* 311/13) Euseb in der Thebais und in Tyros
311 Toleranzedikt des Galerius	311 Märtyrer Palästinas (lange Rezension) nach 311: 1. Revision der Kirchengeschichte (+ B. 8, + Kurzfassung der Märtyrer Palästinas, De mart.)

313 Mailänder Toleranzbeschlüsse	313 2. Revision der Kirchengeschichte (+ B. 9; *Schwartz:* 315) nach 313/14: Praeparatio evangelica u. Demonstratio evangelica (vgl. *Harnack,* S. 119f.: Beginn während der Verfolgung; *Schwartz:* Praep. nach 314, Dem. nach 315; *Barnes:* Praep. 314/18, Dem. 318/23; *Wallace-Hadrill:* Praep. u. Dem. 312–318; *Mras,* S. LIVf.: Praep. 312/22; *Sirinelli* SCh, S. 8–15: Praep. u. Dem. 314/22) nach 313: Quaestiones evangelicae (vgl. *Wallace-Hadrill:* vor 312) zwischen 313 u. 320: 3. Revision der Kirchengeschichte (+ B. 10; vgl. *Barnes:* 315; *Schwartz:* 317; *Wallace-Hadrill:* nach 318) 315 Rede zur Einweihung der Kirche in Tyros (Kirchengeschichte, B. 10,4) nach 315: Jesajakommentar (vgl. *Barnes:* 330)
324 18. 9. Schlacht bei Chrysopolis (endgültiger Sieg Konstantins über Licinius)	
324–337 Konstantin I. Alleinherrscher über das ganze Imperium	nach 324: Theophaneia (vgl. *Moreau,* Sp. 1068f.: nach 324, letzte Periode der liter. Tätigkeit Eusebs; *Barnes:* nach 325/26; *Wallace-Hadrill:* nach 337; vgl. auch oben Anm. 428, S. 386 Anm. 2: Datierungen)
325 1. ökumenisches Konzil zu Nikaia (7. Kanon: Jerusalem Ehrenstellung, Kaisareia als Metropolis kirchl. Jurisdiktionsgewalt)	
326 Konstantins 20jähr. Regierungsjubiläum	Rede Eusebs zum 20jähr. Regierungsjubiläum (Vita Const., B. 3,11)
326 Hinrichtung des Crispus und der Fausta, des Sohnes erster Ehe und der 2. Gemahlin Konstantins	325/26 4. Revision der Kirchengeschichte (letzte Ausgabe, Damnatio memoriae des Licinius; vgl. *Schwartz:* 324) 2. Ausgabe der Chronik (reichte bis zu Konstantins 20jähr. Regierungsjubiläum)

328 Athanasios Bischof von Alexandreia	
329 Tod der Helena, Mutter Konstantins I.	
330 11. 5. Einweihung Konstantinopels	334/35 Über das Passahfest (Vita Const., B. 4,35 f.)
335 Synode zu Tyros	Herbst 335: Basilikos Logos (Laus Const., K. 11–18; vgl. oben Anm. 398)
	25. 7. 336 Rede Eusebs zum 30jähr. Regierungsjubiläum Konstantins (Laus Const., K. 1–10)
	nach 335: Psalmenkommentar (zu den Datierungen vgl. oben Anm. 428, S. 420 Anm. 60)
	nach 335: Gegen Markellos
	337 De ecclesiastica theologia
337 22. 5. Tod Kaiser Konstantins I.	337 f. Über das Leben Konstantins (Datierung des Beginns ungewiß; hg. nach Eusebs Tod, vielleicht von seinem Schüler und Nachfolger Akakios)
	Todesdatum Eusebs: 30. 5. (Vgl. Lietzmann Mart., S. 11) zwischen 337 u. 340 (wohl 338 oder 339)
340 Tod Kaiser Konstantios' II.	
341 Akakios, der Nachfolger Eusebs, nimmt als Bischof von Kaisareia an der Weihesynode zu Antiocheia teil.	

Personen- und Sachregister
(in Auswahl)

Bildnachweis: State of Israel, Government Press Office (Abb. 1 bis 7), Israel Department of Antiquities and Museums (Abb. 8 bis 10), Bibliothèque National, Paris (Abb. 11), Erzbischöfliche Diözesan- und Dombibliothek Köln (Abb. 12), Bibliotheca Apostolica Vaticana (Abb. 13), St. Benno-Verlag Leipzig (Abb. 14 u. S. 155), Verlag Edition Leipzig (Abb. 15). Die Karten auf dem Vorsatz und den S. 17, 21, 25 wurden umgezeichnet nach A. H. M. Jones, The Later Roman Empire, Oxford 1964, Kartenbeilage, Karte I; Westermann, Großer Atlas zur Weltgeschichte, 10. Aufl. 1978, S. 42, Karte I; M. Avi-Yonah, The Holy Land from the Persian to the Arab Conquests. A Historical Geography, Michigan 1966, S. 125; Israel Exploration Journal 1 (1950/51), S. 57; L. I. Levine, Caesarea under Roman Rule, Leiden 1975, S. XVI.

BRITANNIAE
BRITANNIA II
FLAVIA
CAESARIENSIS
MAXIMA
BRITANNIA I
CAESARIENSIS
Rhenus
BELGICA II
GERMANIA II
BELGICA I
GERMANIA I
LUGDUNENSIS II
GALLIAE
VIENNENSIS
AQUITANIA I
AQUITANIA II
LUGDUNENSIS I
SEQUANIA
NOVEM POPULI
NARBONENSIS I
VIENNENSIS
NARBONENSIS II
ALPES MARITIMAE
A. COTTIAE
Danubius
RAETIA II
RAETIA I
NORICUM RIPENSE
NORICUM MEDITERRANEUM
RAETIA
AEMILIA
VENETIA ET HISTRIA
LIGURIA
FLAMINIA
PICENUM
Tiber
TUSCIA ET UMBRIA
SAMNIUM
CAMPANIA
Rom
ITALIA
CORSICA
SARDINIA
SICILIA
GALAECIA
TARRACONENSIS
HISPANIAE
LUSITANIA
CARTHAGINIENSIS
BAETICA
MAURETANIA TINGITANA
MAURETANIA CAESARIENSIS
MAURETANIA TABIA
NUMIDIA CIRTENSIS
PROCONSULARIS
Carthago
NUMIDIA MILITIANA
BYZACENA
AFRICA
TRIPOLITANA
Diokletianische Diözesen- und Provinzeinteilung
Diözesengrenzen
Provinzgrenzen
ITALIA Diözesennamen
MACEDONIA Provinznamen
ca. 500 km